AF192801

El derecho en la obra de Kafka

Una aproximación fragmentaria

El derecho en la obra de Kafka
Una aproximación fragmentaria

Lorenzo Silva

EDICIONES COMPLUTENSE

PRIMERA EDICIÓN: MAYO 2025

© 2025, Lorenzo Silva
© 2025, Ediciones Complutense
    Pabellón de Gobierno
    Isaac Peral s/n
    28015 Madrid
    913 941127
    info.ediciones@ucm.es
    www.ucm.es/ediciones-complutense

ISBN: 978-84-669-3905-8
Depósito Legal: M-5215-2025

Diseño de cubierta: Ediciones Complutense

Imagen de cubierta: fotografía de Franz Kafka «1910. Veintisiete años». Archivo de Klaus Wagenbach.

Impresión
    Solana e Hijos Artes Gráficas
    San Alfonso, 26 Bº La Fortuna
    28917 Leganés (Madrid)

Ediciones Complutense garantiza un riguroso proceso de selección y evaluación de los trabajos que publica.

Printed in Spain

Índice

Nota sobre el texto

El texto de este ensayo, o como sea más prudente denominarlo, se corresponde fielmente con la versión original escrita en 1989, como trabajo de último curso de carrera para la asignatura de Filosofía del Derecho. Como tal logró plenamente sus objetivos, aunque no se me oculta que mi profesor —el tristemente ya desaparecido Jesús Lima Torrado (1948-2018), a quien desde aquí rindo homenaje de gratitud— debió de leer mis elucubraciones iusfilosóficas con no poca indulgencia y alguna complicidad. El caso es que hoy no creo que escribiera ni una sola de las frases que lo componen de la misma forma en que lo hice entonces.

Pese a todo, no he querido tocarlo. Salvo por la enmienda de algún error demasiado obvio, la aclaración de alguna oscuridad demasiado impenetrable y mínimos retoques de estilo, lo que sigue a continuación es el documento auténtico. Casi todos los escritores se avergüenzan de sus pecados de juventud, pero es más sano tomárselos con humor. Y si a algún otro le pueden hacer gracia, no hay por qué esconderlos.

Tan sólo me he permitido añadir al final un par de apéndices, que no rectifican, sino más bien ratifican la esencia de mi intuición juvenil. La edad me ha alejado de la forma, jamás del fondo.

Madrid, 11 de octubre de 1999
Illescas, 31 de octubre de 2024

I. Introducción. Sobre las interpretaciones de Kafka. Justificación de una interpretación jurídica

En un breve y penetrante estudio sobre Kafka publicado en el décimo aniversario de su muerte, Walter Benjamin recurre para ilustrar la obra y el carácter kafkianos a una anécdota sumamente esclarecedora que resulta pertinente condensar aquí. Se cuenta de Potemkin que a menudo sufría de intensas depresiones, que le hacían abandonar todos los asuntos de Estado y recluirse en sus aposentos. Durante una de estas depresiones, que se prolongó inusualmente, se acumuló un gran número de documentos cuya tramitación no podía proseguir a falta de la firma de Potemkin, paralizándose expedientes sobre los que la zarina reclamaba decisiones. Sabedores de que a la emperatriz Catalina le era grandemente desagradable que se hablase siquiera de la enfermedad del canciller, los altos funcionarios no daban con una solución. En esta circunstancia, el insignificante copista Shuvalkin, viendo el desaliento de los ayudantes de Potemkin, se ofreció a arreglar el problema. Tomó el grueso fajo de documentos y se dirigió a la estancia del canciller. Su puerta no estaba cerrada. Le encontró sentado en la cama, envuelto en una bata raída y mordisqueándose las uñas. Sin decirle una sola palabra, le dio una pluma y le alargó el primer papel. Potemkin, como en un sueño, miró a Shuvalkin y firmó. Otro tanto hizo con el segundo documento que el copista le presentó, y con el tercero, y así sucesivamente hasta firmarlos todos. Shuvalkin, ufano, regresó junto a los altos funcionarios y les entregó el montón de papeles. Los consejeros se precipitaron sobre ellos, incrédulos ante el milagro. Pronto advirtieron que desde la primera hoja hasta la última en todas se leía al pie: Shuvalkin, Shuvalkin, Shuvalkin...

Como señala Benjamin, bien puede relacionarse al «solícito Shuvalkin, que toma todo a la ligera y se queda con las manos vacías» con el K. de Kafka —ya sea Josef K., el protagonista de *El proceso*, o K. a secas, el agrimensor de *El castillo*—. A Potemkin, ese hombre «descuidado y soñoliento» que «lleva una existencia crepuscular en un lugar apartado al que está prohibida la entrada», fácilmente se le identifica como un antecedente de esos jueces del tribunal o esos funcionarios del castillo, que viven en un estado de descomposición y sin embargo en cualquier momento pueden mostrarse, incluso a través de algún minúsculo apéndice o delegado, dueños de un poder ciego y brutal. Sustituyendo en el esquema expuesto algunos de sus elementos por el correlativo que a primera vista se le ocurre a quien intente interpretar la obra de Kafka desde una perspectiva jurídica, Shuvalkin y K. pueden identificarse con el sujeto, con el individuo abstractamente considerado; Potemkin, y los decadentes jueces o funcionarios, con el poder o el Estado y su expresión normativa, el derecho. En los relatos de Kafka, a menudo de un modo explícito que hace innecesaria la adulteración hermenéutica para poder afirmarlo, la ley viene, si no simbolizada, sí representada por sus adocenados ejecutores, sin que sea posible ver más allá. De ahí que se haga, en este lugar tan prematuro, un paralelismo que en otra circunstancia pudiera parecer demasiado osado o, incluso, una tergiversación gratuita.

En las páginas que siguen tratará de fundamentarse, con apoyo en una selección de textos kafkianos, que es posible establecer siquiera sea como propuesta la correlación apuntada. Pero antes de comenzar esta tarea es preciso realizar algunas consideraciones previas acerca de la obra de Kafka en conjunto y acerca, más concretamente, de sus posibilidades interpretativas. Como es de sobra sabido, los escritos del autor de Praga han servido de base a numerosas y ambiciosas lecturas de muy variada índole. Sobre las minuciosas e implacables metáforas de Kafka se han erigido interpretaciones psicológicas, sociopolíticas —no es extraño leer que el K. de Kafka es anuncio o reflejo del hombre contemporáneo, «víctima del engranaje del poder totalitario»— y hasta teológicas.

No se dirá aquí que tales interpretaciones implican necesariamente un forzamiento de la obra de Kafka, máxime cuando de lo que aquí se trata es de esbozar una aproximación desde una óptica que podría reputarse aún más parcial o de más precario cimiento. Lo que sí debiera quedar aclarado es que el presente análisis no pretende constituirse en una lectura que, hecha con mayor o menor destreza, se alimente de «lo primordial» en Kafka. Porque sin duda alguna, y pese a sus sólidas potencialidades en otros aspectos, la obra kafkiana es fundamentalmente una magna construcción metafísica. Como dice Albert Camus, en una muy citada frase: «Nos encontramos en las fronteras del pensamiento humano. En su obra todo es esencial en el verdadero sentido de la palabra. En todo caso, plantea el problema del absurdo en su totalidad».

De optarse por una de las interpretaciones al uso, habría que dar quizá preferencia a la psicológica, pero sin perder de vista este hondo sentido de lo total y absoluto. Según la opinión más atendible, Kafka no hizo sino escribir sobre sí mismo, sobre su compleja y atormentada peripecia individual, poblada de fantasmas oscuros que cuentan más como tales en su universo narrativo que los signos que eligió para expresarlos; unos signos que sí tomó, probablemente, del mundo que le circundaba, de su siempre despegada y a la vez intimidada experiencia de ese mundo, y a los que de vez en cuando se ha confundido con aquello de lo que eran mero vehículo. Una prueba de este punto de partida estrictamente interior se halla en la ostensible estructura onírica de muchas de sus narraciones, en las que se vierte a menudo sin apenas traducción el complejo inconsciente de Kafka. Así, ha sido posible que Fromm interpretara *El proceso* como un sueño o que, entre nosotros, Castilla del Pino haya hecho lo mismo, por ejemplo, con el relato «El buitre». Pero el mero psicoanálisis, aunque supere las simplificaciones superficiales que dan la espalda al febril ejercicio de introspección que los relatos de Kafka suponen, tampoco agota su significado.

Por no ser acusados del pecado opuesto, la extrapolación, también con frecuencia cometido con el escritor checo, puede sustentarse la aspiración metafísica kafkiana aquí defendida con un fragmento del propio autor tomado de una breve fábula. En ella se nos retrata a un filósofo empeñado en estudiar el trompo que hace bailar un niño, al que acosa para arrebatárselo. El motivo de tan afanosa inclinación se nos explica no sin cierto humor: «Creía, en efecto, que el conocimiento de cualquier minucia, como por ejemplo un trompo que giraba sobre sí mismo, bastaba para alcanzar el conocimiento de lo general». En cierto modo, Kafka se consagró a estudiarse y describirse como si del «trompo que gira sobre sí mismo» se tratase. Afirmar que entrara en sus propósitos inducir de ese estudio y esa descripción conclusiones —o sencillamente interrogantes— tan universales como los que alcanzó no parece del todo ajeno a su temperamento, pero, al margen de sus intenciones, si se aprecia con cierta amplitud de visión su obra, fragmentaria y a pesar de ello inflexible, no es difícil descubrir que logró elaborar una alegoría integral acerca del hombre y el cosmos, que en modo alguno se ha de ignorar aquí por el simple hecho de perseguir otras finalidades.

Sin embargo, en estas páginas va a abordarse la obra de Kafka con una orientación particular, y si bien no puede ya pensarse que se soslaya su valor prioritario o metafísico, parece preciso justificar por qué y con qué fundamento se intenta aquilatar este posible valor llamémoslo secundario, el de los escritos kafkianos como reflexión sobre el fenómeno jurídico.

En primer lugar, y aunque es un dato relativamente conocido, no estará de más recordar que Kafka se doctoró en Derecho, desempeñando sucesivos trabajos en los que de modo más o menos directo hubo de utilizar sus conocimientos de jurista. Es decir, no sólo por formación académica, sino también en el ejercicio profesional, el derecho fue una realidad con la que tuvo un contacto que no puede calificarse de ocasional o episódico. En cuanto a su actitud ante lo jurídico, el intérprete que con tal perspectiva se acerca a su obra se topa en seguida y sin dificultad con numerosas invitaciones si no al desistimiento, sí, cuando menos, a la reticencia. En la *Carta al padre*, extensa misiva, cuidadosamente redactada, que su progenitor nunca llegaría a leer, Kafka describe lo que estudiar Derecho le acarreó: «Esto suponía que, durante los pocos meses que precedían a los exámenes, con un notable desgaste nervioso, mi espíritu se alimentaba literalmente del serrín que, por añadidura, habían masticado mil bocas antes que yo». En una carta a Milena, la escritora checa —y traductora a este idioma de algunas de sus obras— con la que mantendría una turbulenta relación, escribe: «...yo tenía más o menos veinte años y me paseaba incesantemente en mi habitación, arriba, iba y venía, estudiando nerviosamente todas esas cosas, para mí sin sentido, que exigía el programa de primer año. Era en verano, hacía mucho calor, un tiempo realmente insoportable, me detenía a cada rato junto a la ventana, con el repugnante Derecho romano entre los dientes». A renglón seguido Kafka relata su primera experiencia sexual, en buena medida procurada como huida del agobio de un estudio insufrible. El suceso recuerda la lujuria que Josef K. en *El proceso* o K. en *El castillo* eligen a veces como válvula de escape, un tanto aleatoria y compulsiva, al complot que pesa sobre ellos. Hay otra concisa y contundente alusión al derecho en los diarios. En la anotación del 25 de octubre de 1921, por ejemplo, se lee: «Sólo lo insensato tuvo acceso en mí: el derecho, la oficina, otras actividades posteriores». Los ejemplos podrían multiplicarse.

Pese a esta visión peyorativa y hasta despectiva, que podría sugerir que Kafka no veía en el derecho más que un mal aceptado como ocupación en aras de la mera manutención económica, sus escritos revelan que, ya fuera de manera consciente o impremeditada, estuvo lejos de eludir la cuestión. Ya preliminarmente el que muchos de sus símbolos tengan una coincidencia externa con aquello que estudió y sobre lo que trabajó —Kafka escribe sobre una condena, un proceso, una colonia penitenciaria, a menudo se refiere a la ley, etcétera— nos invita frecuentemente a asociar con lo jurídico sus historias. Tanto más teniendo en cuenta esa característica de la literatura kafkiana que Camus enuncia con simplicidad y precisión: «Constituye el destino, y quizá también la gloria de esta obra el que admita cualquier posibilidad y no satisfaga ninguna». Qué posibilidad más admisible que aquella suscitada inmediatamente por la fisonomía del medio en que se desenvuelven sus novelas mayores. Pero en la frase de Camus se contiene también una advertencia sobre lo escurridiza que resulta la obra de Kafka a la hora de ponerla al servicio de una concreta posibilidad. Y antes hemos insistido en lo inexacto de limitarse a una posibilidad y olvidar que Kafka maneja simultáneamente todas las posibilidades. Preservando siempre este principio, corresponde dar una fundamentación más firme que la de la sola apariencia de un mundo de tribunales y funcionarios, o la de lo propicio del texto kafkiano a una variada gama de glosas, para una lectura desde el derecho de su obra.

De entre todas las producciones intelectuales del siglo XX, sea cual sea su especie, la de Kafka es una de las más despiadadamente rigurosas y analíticas. El raciocinio es manejado hasta las últimas consecuencias, concienzudamente, llevando los razonamientos, en medio de un ambiente inseguro y hostil, hasta más allá de lo predecible; con una frialdad asombrosa en quien estaba transcribiendo con toda fidelidad su propia e incomprensible tragedia. Esta cualidad, cuya consecución por Kafka desde una situación tan adversa a ello da testimonio de su mérito, explica la versatilidad de sus creaciones para funcionar como sistemas coherentes y acabados —aunque estén *prima facie* in-

completos— en terrenos muy diferentes, tanto como lo son las
varias interpretaciones que ha recibido. Y no sólo el desarrollo
del texto como significante, como pura cadena lógica, nos
muestra su disciplina. Los mundos que Kafka retrata, más allá
de la escenografía de tribunales y negociados, se nos aparecen
como manifestaciones de prolijos órdenes normativos, que sus
protagonistas se afanan —normalmente en vano— por desentrañar y comprender. Tanto en su misma mecánica de escritor
como en su cosmología literaria, salvando lo que la pulcritud de
ambas deba a su carácter a un tiempo frágil e insensible, se percibe una huella que no se antoja descabellado atribuir a su formación jurídica. Posiblemente Kafka detestaba el derecho,
como *ciencia* y sobre todo como actividad, pero haber dedicado
una fracción de su tiempo y de su intelecto a su estudio le marcó
de un modo que no pudo disimular. Resultaría pretencioso decir
que el derecho o su conocimiento conformaron el universo kafkiano, que ya venía prefigurado desde muy recónditas raíces en
la personalidad del escritor, pero no lo es tanto sostener que
aportó matices que habrían sido distintos de haber sido de otra
naturaleza su instrucción superior.

El derecho no es desde luego lo más importante en la obra de
Kafka. Incluso puede que sea de lo menos importante, un accidente. Pero no puede afirmarse tranquilamente que lo que escribió sobre el derecho o como consecuencia de él fuera una anécdota desdeñable. Esa meticulosidad enfermiza de Kafka impide
que nada de lo que se ocupó, aunque tantos de sus relatos que-
daran inconclusos, pueda considerarse improvisado, fortuito o
inútil. Además del omnipresente influjo de lo normativo en su
obra, en los diversos niveles antes apuntados, existen numerosos pasajes cuya temática es una clara referencia al derecho. No
sólo a este, quizá no principalmente a él, así como tal vez tampoco sea el jurídico el más fértil análisis que se puede realizar
de sus escritos. Pero su contenido al respecto dista de ser pobre.
La extensión de estas páginas impone emplear un método selec-

tivo y fragmentario. No se hará una interpretación global de la obra de Kafka desde el punto de vista de su pensamiento jurídico; sólo al final, y más como hipótesis o proposición, se ofrecerá algún esbozo en términos genéricos. Se opta por el comentario parcial, pero tampoco se tratará de abarcar una colección exhaustiva de textos kafkianos con posibilidad de exégesis desde la perspectiva del derecho —a modo de ejemplo, se omiten piezas como *La condena* o *En la colonia penitenciaria*—. Se consignarán cuatro narraciones seleccionadas por su envergadura o por lo inequívoco de su preocupación jurídica. En la primera categoría se incluyen *El castillo* y una reunión de pasajes cruciales de *El proceso*. En la segunda, dos relatos breves, *Ante la ley* y *Sobre la cuestión de las leyes*. Previamente, se realizará un resumen biográfico poniendo el acento en aquellos aspectos que resultan más vinculados con la materia objeto de estudio.

II. Apunte biográfico

Acercarse a la biografía de Kafka, a menudo resumida en su humillación ante el padre, sus compromisos matrimoniales fallidos o su gris vida de empleado —lo que al menos es veraz—, pero también en su sionismo que le llevara a proyectar un viaje a Palestina —lo que roza la falacia, aun partiendo de un hecho verdadero—, requiere ciertas cautelas que el mismo autor nos sugiere en su diario, fuente primera y fiable —en la medida en que un diario lo es— para conocer a un ser humano sobre el que se ha escrito abundantemente: «Ha sido como si, lo mismo que a cualquier otra persona, me hubiesen dado el centro del círculo; como si hubiese tenido que recorrer, igual que cualquier otra persona, el radio decisivo y describir luego el hermoso círculo. En lugar de hacerlo así, he estado constantemente iniciando un radio, pero siempre lo he interrumpido en seguida. (Ejemplos: piano, violín, idiomas, germanística, antisionismo, sionismo, carpintería, horticultura, literatura, intentos de matrimonio, casa propia.) El centro del círculo imaginario está lleno de radios que empiezan y no acaban». La vida de Kafka es fruto de su inseguridad personal, de un carácter que mezclaba las empresas casi heroicas —de tales hay que calificar en ocasiones sus descensos al infierno, en lo humano y lo literario— con una tendencia al escepticismo y a la defección. Ello le impidió arraigarse en parte alguna; siempre acabó por romper sus compromisos de matrimonio y toda su vida soñó con escapar, de un entorno que simbolizaba Praga, su ciudad natal, que finalmente abandonó como lugar de residencia poco antes de morir. Sus planes de ir a Palestina, o incluso, en su juventud, de venir a España con su tío materno Alfred Löwy, a la sazón director general de los ferrocarriles españoles, se inscribieron en ese ansia de huida. La literatura, que acaso constituyó su credo más robusto y duradero —aunque no sin deserciones—, logró tal permanencia por ser una forma, la más nítida, de esa fuga en la que puso su fe. La constante paradoja kafkiana le llevó a practicar la escritura con un sentido del deber que, además de hacerle indagar con ella precisamente aquello que más le atormentaba, no cedió ante los sacrificios: escribía de noche, robando gran parte del tiempo del sueño y agudizando así su delicado estado nervioso.

Kafka nació en 1883 en el seno de una familia judía germanoparlante de Praga. Su padre, hombre enérgico, hecho a sí mismo, con su brusquedad y su avasallante fortaleza abrió en el carácter de su hijo una herida de la que este no se repondría y sobre la que en gran medida versarían sus metáforas. En ellas abunda la descripción de un poder arbitrario, de una fuerza desconsiderada ante la que sus protagonistas se encuentran ineludiblemente sometidos, y que no es difícil relacionar con la autoridad del padre, en cuya casa, con intenso sentimiento de inferioridad y menosprecio, Kafka vivió hasta bastante después de alcanzar la edad adulta. El futuro escritor estudió en el instituto alemán de Praga, al que su padre le envió con el cálculo de que de él se nutrían las filas de los funcionarios del Estado. Según cuenta su biógrafo Klaus Wagenbach, Kafka recibió allí una educación muy centrada en los estudios clásicos pero con un método estrictamente memorístico, que no habría de dejar gran huella en él. Tampoco recibió una escrupulosa formación religiosa. Sin embargo, el dato de lo hebreo dista de ser en él irrelevante. Algún autor ha señalado en Kafka la faceta del judío errante; el propio escritor reflexionó a menudo sobre la idea de una tierra prometida, de la que, en un revelador fragmento de sus diarios, confiesa haber partido en dirección al desierto, viaje inverso al de Moisés, para a continuación concluir que Canaán no hay más que una y que el único remedio es un regreso para él ya inviable. Y sobre todo, como noción fundamental en la obra kafkiana, ha de destacarse la del pecado original, de capital importancia a los efectos aquí perseguidos.

Concluidos los estudios secundarios, en los que ya había descubierto cuáles serían los términos básicos de su relación

con el mundo —«Yo sólo sentía la injusticia que me hacían...
No admitían lo que eran mis inclinaciones personales, así que
resulta que nunca pude sacar de mis inclinaciones el verdadero
provecho que, en definitiva, se exterioriza en una confianza du-
radera en uno mismo...»—, Kafka se plantea la elección de carrera universitaria. Tras algunas inclinaciones preliminares hacia la química y la filología, se decide por el derecho. En la
Carta al padre explica sus razones: «... para mí no existiría la
verdadera libertad de elegir una profesión, puesto que sabía que,
al lado de la cuestión fundamental, todo había de serme tan indiferente como las materias escolares del instituto; se trataba
pues de encontrar una profesión que, sin herir demasiado mi va-
nidad, me permitiera conservar mejor esa independencia. Así
que era obvio decidirse por el derecho. (...) En general, no dejaba de mostrarme asombrosamente previsor; ya de pequeño, tuve
nociones bastante claras respecto a los estudios y la profesión.
No esperaba que me salvasen; hacía ya mucho tiempo que había
renunciado a ello». Sin mas problemas que los derivados de la
«deglución de serrín», Kafka se doctoró en 1906.

Tras un año de trabajo en los juzgados, sin remuneración,
como abogado y funcionario, acumulando una experiencia que
en el aspecto laboral no pareció resultarle muy provechosa
—«incesantemente he hecho el ridículo en las horas de trabajo
en el juzgado», reconoce—, pero que como sospecha Ronald
Hayman —autor de una monumental biografía sobre el escritor— algo debió determinar las organizaciones burocráticas luego descritas en *El proceso* y *El castillo*, entra en la compañía de
seguros italiana Assicurazioni Generali, con la intención de ser
destinado al extranjero, a Trieste. Incluso estudia italiano, pero,
como otros, este intento de escape fracasó. El trabajo era agota-
dor y, aunque en un primer momento había encontrado interesante el asunto de los seguros, abandonó el puesto a los pocos
meses, alegando oficialmente debilidad cardíaca y de forma ofi-
ciosa que «no podía soportar los insultos que le habían sido diri-

gidos». En 1908 entró a trabajar en el Instituto de Seguros de Accidentes de Trabajo del Reino de Bohemia, cuyo horario era muy favorable a sus pretensiones de disponer del máximo tiempo posible para escribir. La labor de Kafka en esta institución, pese a las numerosas excedencias que solicitaría a causa de su frágil estado de salud, fue muy estimable, llegando a convertirse en un experto en accidentes laborales, materia sobre la que se conservan informes por él realizados que demuestran la seriedad con que se tomó la tarea. También en ella dejó constancia de su conciencia social, coexistente con su radical introversión. Ya en los años de instituto Kafka se había aproximado a ideas socialistas, de las que toda su vida se declararía partidario. Max Brod, amigo, editor póstumo y biógrafo de Kafka, cita estas palabras suyas a propósito de los obreros accidentados: «¡Qué gente tan modesta! Vienen a nosotros pidiendo por favor. En lugar de asaltar el establecimiento y hacerlo trizas, vienen pidiendo por favor». Con impresiones como esta se iría desarrollando en él una opinión negativa hacia el organismo del que formaba parte, al que llegaría a denominar «nido de burócratas». No resulta arriesgado suponer que su experiencia en aquella institución, prolongada como no lo fueron sus dos empleos anteriores, le suministró materiales fácilmente identificables en su obra.

Al tiempo que estabilizaba su vida en lo laboral, Kafka trabajaría denodadamente en sus narraciones. Entre 1912 y 1914 escribiría *América* —novela sobre un emigrante, acaso el que él quiso y no logró ser— y *El proceso*. *El castillo* habría de esperar a 1922. De 1913 a 1916 tienen lugar sus primeras publicaciones: *Contemplación*, *El fogonero*, *La metamorfosis*, *La condena*. En 1919 publicaría *En la colonia penitenciaria* y *Un médico rural*, y en 1924 *Un artista del hambre*. El grueso de su obra aparecería póstumamente. También en la segunda década del siglo comenzarían sus continuas y frustradas tentativas matrimoniales y de obtención de una casa propia. Pese a comprometerse varias veces —dos con Felice Bauer, con la que mantendría una correspondencia voluminosa y una tormentosa relación que alimentaría buena parte de su literatura—, y aunque disfrutaba de ciertas posibilidades económicas, sólo unos meses antes de morir, en 1923, alcanzaría una unión estable y serena con una mujer, Dora Dymant —sin llegar a casarse— y fundaría un hogar propio. Esta fue una de las más constantes obsesiones de Kafka, y puede decirse que la desesperación del agrimensor K. por no poder acceder al castillo tiene mucho que ver con los fracasos del escritor en sus aspiraciones en este sentido. Coincidiendo con la consecución de la ansiada casa propia, en Berlín, al fin lejos de su aborrecida Praga, Kafka escribe *La madriguera* —o *La construcción*, *Der Bau* en alemán—, relato en el que se nos muestra a una criatura temerosa de un enemigo externo —acaso una alusión a su ya grave enfermedad— pero que recorre con delectación las múltiples galerías de que consta su morada, en cuyas intersecciones acumula comida y todo lo necesario.

Hayman señala profundas raíces en la frustración de Kafka durante los años en que no consiguió crear una familia; según él, no sería ajena al sentimiento de culpa, tan enraizado en cualquiera de sus manifestaciones en Kafka, y en este punto debido a la transgresión del mandato divino: «Creced y multiplicaos». Lo cierto es que Kafka habla con tristeza de su soltería y desea fervientemente tener hijos: «...esta es la sensación de los que no tienen hijos: constantemente depende todo de ti mismo, quieras o no, cada momento hasta el final, cada momento que te desgarra los nervios; una y otra vez te asalta y sin resultado alguno. Sísifo era soltero». Más arriba, apasionadamente, proclama: «La felicidad infinita, profunda, cálida, redentora de estar uno sentado junto a la cuna de su hijo, junto a la madre». Ahora bien, es preciso tener presente que si sus proyectos matrimoniales no salieron adelante fue porque Kafka, junto a estos deseos, siempre quiso preservar la independencia que le permitiera dedicarse con la intensidad querida a la literatura.

Aunque nervioso y vulnerable, Kafka era al mismo tiempo capaz de una frialdad pasmosa. Basta con leer descripciones tan exentas de piedad como la de la máquina de *En la colonia penitenciaria*, o con anotar las numerosas situaciones atroces reflejadas en un lenguaje diáfano que no se inmuta ante lo relatado. Y sin embargo, a menudo el lector se ve sorprendido por escenas en las que una ternura inusitada y hasta ininteligible brota entre personajes aparentemente hostiles entre sí. Una nueva paradoja kafkiana, como el contraste entre sus encendidas y extensas cartas a Felice y el desasimiento con que recuerda que la primera vez que la vio le pareció «una criada». El intérprete ha de considerar con cuidado esta duplicidad, que como otras cualidades de Kafka enriquece su lectura pero también aporta riesgos de tergiversación.

Franz Kafka murió el 3 de junio de 1924 en Klosterneuburg, cerca de Viena, de una tuberculosis de laringe. La enfermedad ya había aparecido años antes, obligándole a peregrinar por numerosos sanatorios y a pedir la baja en el Instituto de Seguros de Accidente. A Robert Klopstock, médico amigo suyo que estuvo cerca de él en su agonía, le pidió que le pusiese una inyección letal para terminar antes. Klopstock se negó, y Kafka le respondió con una contradicción digna de lo que había sido su vida y su obra: «Mátame; si no, eres un asesino».

Aparte de las múltiples influencias que las circunstancias de su biografía aquí sucintamente expuestas ejercieron sobre su obra, hay que referirse a su entorno social e histórico, aquella Praga en la que vivió, encrucijada de culturas y lenguas en el seno del Imperio austrohúngaro. Su pertenencia a una comunidad muy característica, la judía checa de habla alemana, su relación con los aparatos burocráticos, etcétera. No obstante, parece oportuno insistir en que, si bien todos estos factores tuvieron su importancia, lo radicalmente determinante de la obra kafkiana es su aventura individual, la consignación de sus vicisitudes y de la lucha por conquistar un espacio propio. Realizando esta lucha a través de la literatura, a la que siempre deseó entregarse prioritariamente y con la que en vida sólo obtuvo resultados modestos en cuanto a su proyección —aunque lo poco que publicó mereció el respeto de sus contemporáneos—, alumbró uno de los mundos narrativos más perfilados, misteriosos y seductores de este siglo. Walter Benjamin, hablando de las dimensiones místicas de la obra de Kafka, recuerda un ilustrativo fragmento de Dostoievski: «Pero si es así, hay aquí un misterio y nosotros no podemos comprenderlo. Y si hay un misterio, nosotros tenemos el derecho de predicar el misterio y de enseñar a los hombres que lo que importa no es la libre decisión de sus corazones, no es el amor, sino el misterio, al que están obligados a someterse ciegamente y por lo tanto independientemente de su conciencia».

Kafka conoció a Rudolf Steiner, encuentro sobre el que hay alguna referencia en sus diarios, pero la teosofía no pareció entusiasmarle. En el año 1902 asistió a unos cursos informales de filosofía impartidos por Auton Marty, discípulo de Franz Brentano, por cuyo conducto pudo recibir ideas humeanas. Lo cierto es que Kafka suspendió el examen realizado por el profesor en su propia casa. En cuanto a influencias intelectuales más acreditadas, Kafka se sentía semejante a Dostoievski, von Kleist y Flaubert. A los dos primeros los estimaba mucho, así como a Kierkegaard, con el que igualmente se sentía identificado en un sentido vital: «Como ya suponía, su caso es muy semejante al mío, a pesar de algunas diferencias esenciales; por lo menos se encuentra al mismo lado del mundo» (*Diario*, 21 de agosto de 1915). Como se verá más adelante, sobre todo el influjo de este último —también se anotarán esas «diferencias esenciales»— tiene su interés en una interpretación jurídica de Kafka.

La obra de Kafka fue publicada después de su muerte por su amigo y albacea Max Brod, al que había encomendado que lo quemase todo. Brod se excusa de esta «traición» que nos ha permitido conocer *El proceso* o *El castillo* alegando que Kafka estaba suficientemente advertido de que si realmente deseaba la destrucción de sus escritos debía encargársela a otra persona y no a él. Aunque se sospecha que es mucho lo que el escritor incineró antes de morir, y no menos lo perdido durante el nazismo de lo conservado por quienes le conocieron —casi todos ellos judíos—, si se suman a su obra de ficción los diarios y lo salvado de su profusa correspondencia, obtenemos un conjunto enorme de material susceptible de análisis.

Según lo anunciado más arriba, procedemos ahora a comentar los cuatro textos escogidos.

III. *Ante la ley.* El individuo ante el derecho

Esta pequeña parábola apareció en vida de Kafka en el volumen de relatos titulado *Un médico rural*. Tras su muerte, se publicó inserta en el capítulo noveno de *El proceso*. La parábola puede resumirse así:

Ante la ley hay un guardián. Un campesino se presenta a él y solicita que le deje entrar, pero el guardián contesta que por ahora no puede. El campesino se asoma a la puerta de la ley, que está como siempre abierta. El guardián, al verlo, se ríe y le dice que puede probar a entrar si quiere, pero que recuerde que él, con ser poderoso, es sólo el ultimo de los guardianes; entre salón y salón hay más. Ya el tercero es tan terrible que ni el mismo guardián puede soportar su aspecto. El campesino no había previsto estos problemas, él creía que la ley debía estar siempre abierta para todos. Pero observa el porte temible del guardián y se persuade de que conviene más esperar. El guardián le deja un taburete para que se siente. Allí espera el campesino días y años, a menudo conversa con el guardián, sobre temas sin importancia, y también intenta sobornarlo. El guardián acepta las dádivas, para que el campesino no crea haber omitido nada, dice, pero no cambia su actitud. Durante muchos años el hombre observa casi continuamente al guardián, maldice su mala suerte, al final su vista se debilita y todo se vuelve oscuro. En medio de la oscuridad distingue un resplandor que surge de la puerta de la ley. El campesino sabe que va a morir. Llama al guardián, y le formula una pregunta que antes no le había formulado: si todos quieren acceder a la ley, ¿como es que en todos aquellos años nadie más que él ha pretendido entrar? El guardián comprende que el hombre está expirando, y para que pueda oírle bien le dice con voz poderosa: «Nadie podía pretenderlo, porque esta puerta era solamente para ti. Ahora voy a cerrarla».

En la obra de Kafka aparecen con insistencia tres conceptos fundamentales, que se erigen en otros tantos paradigmas que tienen constante reflejo en sus narraciones. El primer paradigma es el de la culpa; el segundo, el de la búsqueda de la redención y la acogida; el tercero, el de las construcciones o, más propiamente, el de la construcción. A la culpa se vinculan obras como *El proceso* o *La condena*, a la construcción todo el ciclo de fragmentos relacionados con la muralla china; a la búsqueda de la acogida *El castillo* y este breve relato que ahora nos ocupa. La relación entre estos tres ejes se expresa en que la culpa agudiza el ansia de ser admitido, de modo que se establece entre ambos elementos una interdependencia recíproca; el paradigma de la construcción puede tomarse como una reflexión sobre las características del orden que rige la situación de la que los otros dos impulsos son consecuencia. Naturalmente, es posible hallar otros ejes en la obra kafkiana, y establecer otras relaciones. A los efectos del análisis aquí perseguido, no obstante, nos centraremos en los tres indicados, dada su potencialidad para caracterizar el fenómeno jurídico en sus diversas facetas. Y podemos retener un primer y trascendental dato: la visión kafkiana de la realidad no se atiene puramente al objeto en sí, sino que lo toma como un elemento que sostiene una dialéctica con el individuo cognoscente, en una línea que no está lejos del existencialismo. Al enfocar su pensamiento a lo jurídico obtendremos una relevancia primordial del individuo como referente epistemológico —aunque curiosamente, he aquí su crítica, aquel venga a ser al final un «protagonista negado»— que resulta infrecuente en los sistemas iusfilosóficos clásicos, siempre tendentes al abstractismo impersonal de la pregunta: «¿Qué es derecho?».

Con *Ante la ley* nos situamos en el paradigma de la petición, de la súplica de acceso. Aunque no es cronológicamente lo primero —la culpa es previa—, el sujeto en el mundo kafkiano encara la realidad objetiva desde esta postura de solicitación, hallando sólo la negativa a acogerle de aquello ante lo que suplica. Es lo que sucede en esta parábola. El campesino juzga que la ley debe estar abierta para todos, pero la experiencia le demuestra que no es así. El traslado de este esquema a lo jurídico, que nos viene sugerido por la misma elección del símbolo *ley*, se traduce inmediatamente en la pretensión del individuo de algo que entiende que le debe ser concedido —en cierto modo lo denota el que la puerta de la ley esté físicamente abierta, aunque luego no resulte esto más que una apariencia engañosa—, pero que la ley, por mediación de uno de sus ejecutores, le niega. La ley aparece como una sucesión de guardianes de aspecto crecientemente temible, de obstáculos que desprecian al individuo y ante los que este no puede responder sino con la resignación y la espera. La ley se rodea de todos los ornamentos del poder y el individuo es un 'campesino', palabra en la que no es difícil encontrar resonancias nada respetuosas con su entidad. En una primera aproximación, pues, el individuo es caracterizado frente al derecho como algo insignificante, subordinado, desprovisto de eso de lo que el mismo orden jurídico se supone que ha de ser fuente: el derecho subjetivo. El gusto kafkiano por la paradoja tiene aquí un ejemplo notorio. Ahora bien, no se agota en este enunciado el mensaje sugerido por la parábola.

Hay en ella otros elementos, que a primera vista pudieran parecer desdeñables, como una simple burla del portero —y de la ley misma— hacia el hombre: esa revelación final de que la puerta estaba reservada exclusivamente al campesino. Aquí resulta de interés referirse a la larga exégesis que el propio Kafka nos ofrece de la parábola en las líneas que la siguen en *El proceso*. Benjamin ha llegado a ver en esta novela un mero desarrollo de la inicial parábola del portero, un desarrollo que no tiende a procurar al lector «el placer de extenderla hasta que su significado sea llano por completo», sino más bien a lo contrario. Este autor detecta entre la obra literaria de Kafka y su posible teoría acerca de la realidad una relación similar a la de la *Hagadah* con la *Halakkah* —la mitología y la ley sagrada, respectivamente, en la religión judía—. Pero el modo en que el mito nos transmite en este caso el *logos* proporciona una posibilidad de enriquecimiento de la impresión inicial que es preciso describir con detalle siguiendo el hilo de la argumentación kafkiana.

En el capítulo IX de *El proceso*, mediante un diálogo entre Josef K. y el sacerdote que le relata la parábola, se realiza un minucioso análisis de esta. Cuando el sacerdote termina su narración, K. deduce: «O sea, que el guardián engañó al hombre». El sacerdote le insta a que no juzgue precipitadamente la historia; existiría una posibilidad de afirmar el engaño si existiera contradicción entre lo que el guardián dice al principio y lo que revela al final. Pero el guardián no habla nunca de que el acceso a la ley esté definitivamente vedado al campesino. Tan sólo dice que «por ahora no puede entrar». Incluso, interpreta el sacerdote, podría sostenerse que el guardián se extralimita en sus funciones en un sentido favorable a las esperanzas del campesino, porque su misión no es otra que la de cerrarle el paso. Lo invita en broma a que entre, hasta le da un taburete para que se siente y se muestra compasivo, permitiéndole que maldiga en su presencia la circunstancia en la que el guardián le ha puesto. K. pregunta al sacerdote si este cree que el campesino no fue engañado. El sacerdote responde: «Me limito a exponerte las opiniones que existen al respecto. No debes confiar demasiado en unas opiniones. La escritura es invariable y las opiniones no son con frecuencia más que la expresión de lo desesperante que ello resulta. En este caso, existe incluso una opinión según la cual el engañado es precisamente el guardián».

A requerimiento de K. el sacerdote explica esta sorprendente opinión, que se basa en la simplicidad del guardián. El guardián desconoce el interior de la ley, sólo sabe del cometido que se le ha encomendado ante su puerta, en la zona más exterior de la ley. Las ideas que tiene sobre el interior de la ley son infantiles, con su miedo a la cadena de guardianes terribles que del texto se infiere que son todo lo que conoce de aquello cuya puerta guarda. Yendo aún más lejos, el guardián está subordinado al campesino, y también esto lo ignora. El guardián está sólo para vigilar la puerta destinada al hombre, desde antes de que este acuda. El campesino es libre, nadie le obliga a ir hacia la ley, mientras que el guardián está encadenado a ella por una obligación cuya finalidad se ordena hacia aquel a quien está reservada aquella puerta. El campesino, al final de su vida, ve el resplandor que emana de la ley, un resplandor al que el guardián da la espalda y que por tanto ignora. La superioridad del campesino sobre el guardián se plasma pues en la ventaja del hombre libre respecto al sujeto a un deber, y en su logro del conocimiento, así sea como atisbo, frente a la inconsciencia fatídica del guardián. Ante esta singular interpretación, K. replica al sacerdote que no refuta que el campesino haya sido engañado, como propusiera al principio. Puede ser que el guardián no sea entonces un falsario, pero sí un simple que merece ser expulsado de su puesto por los perjuicios que causa al campesino. En este punto, el sacerdote aduce otra versión que tiene trascendentales consecuencias: «Hay quien dice que la historia no da derecho a nadie a emitir un juicio sobre el guardián. Cualquiera que sea la opinión que nos merezca, es un servidor de la ley, o sea que pertenece a la ley y escapa al juicio humano. Tampoco hay que creer que el guardián esté subordinado al hombre. Cumplir un servicio que le ate a uno a la ley, aunque sólo sea a la puerta de la ley, es algo incomparablemente superior a vivir libre en el mundo. El hombre del campo no hace más que llegar a la ley, el guardián ya está en ella. Ha sido llamado por la ley a cumplir un servicio, dudar de su dignidad equivaldría a dudar de la ley». K. contesta: «Estoy completamente de acuerdo con esta opinión, porque si uno se adhiere a ella, debe considerar cierto todo lo que dice el guardián. Pero tú mismo has dado razones detalladas para creer que esto no es posible». El sacerdote corrige a K. con una sentencia cínica: «No, no hay que creer que todo es verdad; hay que creer que todo es necesario». K. concluye: «Una opinión desoladora, la mentira se convierte en el orden universal».

Hayman realiza una interpretación mística de esta escena que puede ser útil para elaborar posteriormente un enfoque de la misma desde la perspectiva del derecho. Según él, puede insertarse la parábola en la tradición cabalística: «La *Torah* —la ley cósmica para el Judaísmo, preexistente a la creación del mundo— vuelve una cara especial a cada uno de los judíos, exclusivamente reservada para él y únicamente aprehensible por él, y, por ende, un judío sólo cumple su verdadero destino cuando llega a ver esa cara y puede incorporarla a la tradición» (citado por Hayman de G. Scholem, *On the Kabbalah and its Symbolism*). Aquí Kafka se encuentra con Kierkegaard, quien en *Temor y Temblor* asegura que la relación con el Absoluto ha de ser personal y única.

Teniendo presentes estas implicaciones, apreciamos que el juicio inicial de que la ley rechaza al hombre, de que la revelación final de que la puerta le estaba sólo destinada a él entraña una burla, queda afectado por toda una variedad de nuevas sugerencias. En el comentario que Kafka hace sobre su propia parábola se ponen de manifiesto numerosos datos con un interés jurídico: los ejecutores de la ley como meros apéndices ciegos de ella, desconocedores de su finalidad o motivación inspiradora; la ley como realidad orientada hacia el sujeto, pero entorpecida por una pluralidad de barreras distorsionantes, como la propia ineptitud de sus servidores; y finalmente, la consideración de la preeminencia absoluta de la ley, que niega incluso el derecho de su destinatario a enjuiciar sus inmensas deficiencias. El hombre que es exaltado como libre frente al guardián obligado, que incluso percibe el resplandor que el guardián nunca vislumbra, siente en definitiva frustradas sus aspiraciones. Se dice que nada le forzaba a acudir a la ley, pero resulta evidente que el hombre padecía necesidades que le abocaban a impetrar su tutela, necesidades tan obvias que ni siquiera se detallan. La ley, con toda su organización, sus poderosos centinelas, fracasa en su finalidad, y decimos esto porque ha de recordarse la frase del guardián: «Esta puerta era sólo para ti». El sacerdote exculpa incondicionalmente a la ley alegando que no importa la verdad, sino «lo que es necesario», pero ni siquiera esta justificación queda adecuadamente sustentada. La única reflexión que K. puede hacer ante el panorama que contempla es tan desoladora como que «la mentira se convierte en el orden universal».

No cabe duda de que la visión expuesta, en Kafka, se asienta sobre el hecho básico de la culpa, del que nos ocuparemos más adelante y que proporciona cierto cimiento —bien que un cimiento no sostenido en argumento alguno, sino en una intuición sustancial— a todo el sistema. Centrándonos en lo que ahora interesa, la posición del individuo ante el derecho tal y como desde este texto puede comentarse, hay que concluir que, pretendiéndolo o no, en la parábola se contiene una agria crítica que no hay por qué considerar inofensivamente recluida en el ámbito de lo mítico. Las metáforas de Kafka, por su pulcra urdimbre, ofrecen posibilidades que desbordan las causas de su alumbramiento. Aplicando las conclusiones extraídas de *Ante la ley* a la realidad jurídica se obtienen resultados de cierta validez empírica, que bien podrían responder —sea o no eso lo fundamental— a la experiencia que el escritor tuvo de la acción del derecho en la sociedad y ante el individuo en las instituciones a las que perteneció. Con el estudio de los otros textos escogidos se avanzará en las proposiciones aquí apuntadas. Baste anotar por ahora que frente a la más que bimilenaria tradición occidental del derecho como razón, a través de la caracterización kafkiana se opta por un descorazonador voluntarismo: la ley tiene su fuerza por su sola naturaleza de ley, sin otro respaldo; pese a ser ineficiente, pese a constituir, incluso, «un orden universal de mentira».

Interesa no obstante hacer una observación adicional, que da prueba de la ambivalencia de las alegorías kafkianas y que se

relaciona con las resonancias religiosas y cabalísticas antes reseñadas. Si el derecho se manifiesta ante el individuo como un
orden cerrado e infranqueable, casi absurdo en su vocación hacia él coexistente con una infinidad de trabas intrínsecas, el individuo tiene un deber hacia el derecho más allá del derecho
mismo; un deber, por así decir, moral. Jurídicamente, el campesino es libre, carece de las obligaciones que el guardián como
siervo de la ley tiene. El desamparo del hombre por el derecho
se corresponde con esa libertad, que se aúna al conocimiento
—el campesino ve la luz que sale de la ley—. En la aserción final del guardián parece sugerirse en qué consistía el deber moral del campesino: haber aprendido que la ley era para él, haber
sabido ganarla pese a las dificultades o, expresándolo en términos místicos, haber desentrañado su camino personal hacia el
Absoluto. No sólo la ley pone las barreras, también estas nacen
de la resignación y la falta de curiosidad del campesino. El individuo libre tiene que buscar su modo de entrar en la ley, el rostro que la *Torah* sólo le vuelve a él, en la visión cabalística.

En *El proceso* Kafka revela la otra cara de la moneda: cuando el hombre ya no es libre, porque pesa sobre él la culpa, y la
ley no es ya una puerta abierta que se hace de rogar y se abstiene de llamarle, sino un aparato implacable que comienza a perseguirlo. La crueldad de la visión kafkiana estriba en considerar
la culpa algo originario —en la línea de la concepción hebraica
del pecado original—. ¿Es posible, en estas condiciones, tomar
las anteriores alusiones a un estado de libertad como algo más
que una representación puramente especulativa?

IV. *El castillo*. La conquista fallida del derecho subjetivo

De las que se ha dado en llamar «novelas de la soledad», acaso sea *El castillo* la más densa y compleja, y a la vez, pese a ser la más abruptamente interrumpida, la que muestra una mayor elaboración y exhaustividad. De esta obra utilizaremos para nuestro estudio no un fragmento o una serie de ellos, sino algo que entraña cierta simplificación: su argumento. Y a los efectos aquí pretendidos basta con esbozar una síntesis muy escueta de él.

K., que es o finge ser agrimensor, llega una noche de invierno a un pueblo. De este pueblo se nos dice que se encuentra al pie de un castillo. Ya desde el principio la situación de K. en el pueblo se revela difícil: no es persona grata en él, levanta entre los habitantes una gran suspicacia. K. parece pasar por alto esta actitud y desde bien temprano acomete su empresa, que no es otra que la de conseguir que en el castillo —que pronto se nos presenta como un centro desde el que se rige el pueblo, habitado por funcionarios inasibles— se le tome en cuenta y se le reconozca una posición a la que se cree acreedor. Durante toda la historia K. tratará de acceder al castillo, sin conseguirlo. Primero probará con los mensajeros —hombres del pueblo relacionados con el castillo, insignificantes ante su jerarquía de la que son meros portavoces—, luego con los funcionarios inferiores, pero siempre será imposible captar para su causa a alguno con un mínimo de influencia. Entre fracaso y fracaso, K. se entrega en el pueblo a una vida que le granjea la antipatía de sus habitantes. Para ello cuenta con el concurso de Frieda, una mujer del pueblo con la que mantiene una relación desordenada. A veces realiza avances irrisorios en su conocimiento del castillo, pero cuando la novela se interrumpe su situación no ha progresado sensiblemente. Según Max Brod, Kafka pretenda dar a la novela el siguiente final: «Él no ceja en su lucha, pero muere por inanición. En torno a su lecho de muerte se reúne el vecindario y justamente en ese momento llega del castillo la disposición de que en verdad a K. no le asistía ningún derecho a exigir que se le permitiera vivir en el pueblo, pero que, no obstante, y en consideración a ciertas circunstancias particulares, se le permitía vivir y trabajar allí».

Según interpreta Brod, el tema sustancial de esta obra es el de la gracia. K. busca la gracia, lucha denodadamente por conseguirla, por mediación de quien sea —es de notar la importancia que a estos efectos adquieren los personajes femeninos que aparecen en la historia—. Por tanto, de seguir esta visión, que por otra parte parece verosímil y ajustada, las preocupaciones latentes en *El castillo* son de índole primordialmente psicológica y religiosa. Teniendo esto en cuenta, puede sin embargo intentarse la interpretación desde el derecho situándonos en el mismo paradigma que en el apartado anterior: el de la búsqueda de la redención o, en términos más utilizables a nuestros fines, la solicitud de acogida, de acceso.

Y en *El castillo*, obra posterior a *Ante la ley*, observamos una evolución notable que abarca una multitud de aspectos. En primer lugar, la actitud del protagonista. K. no se queda como el campesino, sentado ante la puerta de la ley maldiciendo para sus adentros, o de modo que le pueda oír el portero pero siempre sin aspiraciones firmes de cambio. El agrimensor K. lucha con todas sus fuerzas, con una violencia y un ímpetu que a menudo parecen desmedidos y hasta peligrosos. Kafka, que en *Ante la ley* viene a hacer una descalificación de la pasividad, nos muestra a un personaje poseído por un impulso insensato. Traduciéndolo a una explicitación jurídica, el individuo no se resigna ante la impenetrabilidad del derecho, se afana por afirmarse ante él, con plena conciencia de poseer un motivo —un derecho subjetivo— para pedir aquello que se le niega; esa conciencia que el campesino sólo alcanza cuando va a morir y el guardián le dice que aquella puerta era para él.

Otra evolución se advierte en la descripción de la ley. La ley era antes una puerta que no se traspasa, un objeto totalmente incognoscible. En la peripecia de K. la ley es el castillo, el derecho se identifica absolutamente con el poder, y sus reglas de funcionamiento son las del poder mismo; de estas reglas, si no una verdadera información, sí tiene K., y aún más el lector, atisbos inexistentes en *Ante la ley*. Los servidores de la ley ya no son un simple portero con un aspecto temible. Se nos presentan o se nos sugieren funcionarios somnolientos, sumidos en un tedio insoluble —como Potemkin en la historia que reseña Benjamin—, que manejan la institución que el castillo representa con indolencia, cumpliendo designios ignotos.

En definitiva, esto poco supone de progresión respecto a una ley que no era más que una puerta infranqueable. Pero averiguamos algunas cosas sorprendentes. A este respecto es crucial cierto pasaje, que también nos ilustra sobre la verdadera personalidad y fuerza de K. Al final del capítulo dieciocho, K. entra en contacto con un funcionario subalterno —muy subalterno— que parece disponer de cierta posibilidad de facilitarle algún conocimiento que favorezca sus pretensiones. K. está muerto de sueño, a duras penas atiende al funcionario y, cuando lo hace, se conduce con tal negligencia que no saca nada de aquello. Kafka pone en boca del funcionario estas palabras: «¿Quién sabe lo que le espera al lado? Esto está lleno de oportunidades. Hay cosas que no fracasan más que por sí mismas. Sí. Esto es asombroso». Dos deducciones nos surgen de inmediato: las energías de K. obedecen a estímulos irregulares, su voluntad no le proporciona al cabo ningún resultado porque no sabe emplearla allí donde es preciso, la dilapida cuando no puede lograr nada y flaquea cuando se le ofrece algo; de otra parte, el orden reinante, el castillo como ley y poder, no es invulnerable, no está cerrado en todos sus aspectos. Es un sistema abierto, hay zonas de anomia. Ese implacable, casi insensible acusador del individuo —de sí mismo, en definitiva— que fue Kafka vuelve a admitir que aun en un universo absurdo la responsabilidad es del sujeto. Las exigencias que nos plantea son inmensas, a juzgar por el entusiasmo que K. derrocha en balde.

Ese es el quid: el individuo está vencido casi de antemano por el orden objetivo, que no entiende o entiende defectuosamente, al que da lo mismo que oponga esfuerzos ingentes o una resignación farfullante. El individuo pide al orden una posición, unas facultades, un derecho subjetivo. Y el orden esquiva al individuo, ni siquiera existe en función de él como en *Ante la ley*, aunque tal ordenación hacia el individuo más parecía al final una broma de mal gusto, o un fracaso en el mejor de los supuestos. El desenlace de *El castillo* es que K. ve tolerada su presencia, sin derecho alguno, en un régimen de precario, por una mera concesión graciable. Y esto le llega cuando va a morir. Por consiguiente, y a efectos prácticos, no deja de ser un intruso, un indeseado, un importuno.

Integrando esta imagen con la desprendida de la lectura de *Ante la ley*, extraemos una critica bífida a los sistemas jurídicos representados por «la ley» o «el castillo»:

a) En un caso, dice la ley estar destinada al individuo, sin que a este le sirva de nada, por los obstáculos con que la ley se pertrecha.

b) En otro, el castillo, el orden instituido, con un vejatorio silencio como toda respuesta a sus súplicas desaforadas, niega brutalmente al sujeto hasta el derecho básico del simple estar, del simple vivir allí, para concederle al final «por razones particulares» una merced que no crea derecho alguno y que ya es indiferente para un moribundo. El castillo es más desnudamente el poder, ni siquiera recurre al nombre de ley, una denominación que fundamenta, al menos *a priori*, la dominación en algo más que la fuerza misma.

Pero hay algo de interés en la fuerza como fuente de lo jurídico en *El castillo*: su aspecto, el descuido, la decadencia. La fuerza, y la ley que ella engendra, son como monstruos prehistóricos que bostezan incesantemente pero conservan la aptitud de humillar al transgresor con su vigor descomunal. Una vez más, a través del desfase entre las cualidades del poder y su función, que implica una pérdida del sentido que lo motiva todo, Kafka desenmascara el absurdo. Una organización repleta de defectos y lagunas —eso adivinamos—, pero irremediablemente vigente, nos da una idea del derecho como puro hecho; un hecho además inmotivado, inconsistente pese a no ser objetado. Puede sospecharse que existen unas normas, con sus correspondientes relaciones y mecanismos de funcionamiento, puede apostarse que lo que ocurre es que el agrimensor K. no es un sujeto capacitado para desentrañar esta mecánica y conseguir para sí una posición más halagüeña. Pero siempre queda una duda radical: ¿no será que no existe ninguna norma? Parece una interrogación demasiado aventurada, se nos habla de los funcionarios como de seres adocenados, pero lo cierto es que permanecen inasibles, poderosos y respetados por el pueblo. El individuo K., en medio de su desastre, puede sentir como inasequible la desmitificación. Pero, como veremos en el apartado siguiente, el propio Kafka enuncia en otro lugar, en los fragmentos relacionados con la muralla china, estas conjeturas que aquí hemos adelantado tímidamente.

Resumiendo las ideas fundamentales que de este muy limitado análisis de *El castillo* se obtienen, y orientándolas a una interpretación desde el derecho, en la infortunada epopeya del agrimensor K. se nos muestra cómo el individuo fracasa en su vehemente tentativa de conquista del derecho subjetivo. En parte se apunta una culpa del sujeto, una cierta ineptitud; pero de otro lado ella resulta de unas exigencias desproporcionadas, demasiado rigurosas para lo exiguas y azarosas que son las probabilidades de salvación y lo penosa que es la circunstancia del protagonista. Lo más interesante para nosotros es la caracterización de ese orden que niega el derecho a K. Su opacidad, su presumible anomia. Su inercia. Se trata de un orden ineficiente, salvo para mantener una situación cuya finalidad no se vislumbra. Y el individuo queda como un precarista.

Todos estos elementos han de ser retenidos para la valoración e hipótesis finales.

V. *Sobre la cuestión de las leyes*. El problema del derecho objetivo

El pequeño fragmento que pasamos a analizar es, junto a otros cuatro o cinco de extensión no mucho mayor, todo lo que nos queda de un proyecto más ambicioso, cuya versión definitiva Kafka destruyó. Esta obra, localizada en la China imperial de principios de nuestra era, giraba en torno al eje de la construcción de la Gran Muralla. Los fragmentos subsistentes, todos ellos estudios o esbozos que Kafka olvidó destruir, nos hablan, por ejemplo, de un pueblo perdido en la inmensidad de China, lejos de la frontera, lejos de Pekín, en un punto del infinito. En este pueblo hay una administración local dirigida por un funcionario a quien todos llaman Coronel, cuyo título para ejercer el gobierno nadie ha visto jamás. Es el recaudador de impuestos, se ha arrogado el supremo mando en los demás ámbitos y todos se lo reconocen sin discusión. Las noticias llegan de la capital con tal retraso que los habitantes creen estar bajo un emperador que murió hace mucho. En el fragmento más extenso, *De la construcción de la muralla china*, se nos describe minuciosamente el sistema de construcción de la muralla, a tramos de un kilómetro, por brigadas aisladas entre si, dirigidas por una Suprema Conducción que se nos presenta como un ente abstracto. El método de construcción hace surgir la duda de si la muralla no tendrá numerosos huecos y discontinuidades, pero nadie puede saberlo, porque la frontera es demasiado larga. Refiriéndose a un mundo cuyas singulares y sugestivas características pueden apreciarse con el resumen precedente, *Sobre la cuestión de las leyes* se centra en una materia específica. Un narrador, en primera persona, reflexiona sobre las leyes de su pueblo. Las primeras frases excusan de comentario: «En general nuestras leyes no son conocidas, sino que constituyen un secreto del pequeño grupo de aristócratas que nos gobierna. Aunque estamos convencidos de que estas antiguas leyes son cumplidas con exactitud resulta en extremo mortificante el verse regido por leyes para uno desconocidas. No pienso aquí en las diversas posibilidades de interpretación. Acaso estas desventajas no sean muy grandes. Las leyes son tan antiguas que los siglos han contribuido a su interpretación y esta interpretación se ha vuelto ley también. Por lo demás la nobleza no tiene evidentemente ningún motivo para dejarse influir en la interpretación por su interés personal en nuestro perjuicio, ya que las leyes fueron establecidas desde sus orígenes por ella misma; la cual se halla fuera de la ley, que, precisamente por eso, parece haberse puesto exclusivamente en sus manos». A continuación, el narrador, tras sentar una ilustrativa premisa de su exposición —«estas *apariencias de leyes* sólo pueden ser en realidad sospechadas»—, relata cómo el pueblo ha observado desde antiguo a la nobleza con el propósito de realizar una deducción del contenido de las leyes.

A esta observación se debe incluso la creencia de que las leyes existen: «Según la tradición existen y han sido confiadas como secreto a la nobleza, pero ello no es más que una vieja tradición, digna de crédito por su antigüedad, pues el carácter de estas leyes exige también mantener en secreto su existencia». El narrador explicita la reticencia ineludible: «... tal vez esas leyes que aquí tratamos de descifrar no existen. Hay un pequeño partido que sostiene realmente esta opinión y que trata de probar que cuando una ley existe sólo puede rezar: lo que la nobleza hace es ley». El pequeño partido se opone a la investigación de la ley, por inútil y dañina, pero la mayoría del pueblo la ve necesaria, considera que el material reunido es escaso aún, que con mucho más estudio la cuestión estará más clara. Y existe en la base de esta voluntad una fe: «...la fe de que habrá de venir un tiempo en que la tradición y su investigación consiguiente resurgirán en cierto modo para poner punto final, que todo será puesto en claro, que la ley sólo pertenecerá al pueblo y la nobleza habrá desaparecido». El narrador precisa: «Esto no está dicho (...) con odio hacia la nobleza. Antes bien, debemos odiarnos a nosotros mismos, por no ser dignos aún de tener ley. Y por eso ese partido que no cree, en verdad, en ley alguna, no ha aumentado su caudal, y ello porque él también reconoce a la nobleza y el derecho de su existencia». El párrafo final merece ser transcrito: «En realidad, esto sólo puede ser expresado con una especie de contradicción: un partido que, junto a la creencia en las leyes, repudiara la nobleza, tendría inmediatamente a todo el pueblo a su lado, pero un partido semejante no puede surgir porque nadie se atreve a repudiar a la nobleza. Sobre el filo de esta cuchilla vivimos. Un escritor lo resumió una vez de la siguiente manera: la única ley, visible y exenta de duda, que nos ha sido impuesta, es la nobleza. ¿Y de esta única ley habríamos de privarnos nosotros mismos?».

Según la triparticón convencional que hicimos más arriba, este fragmento, como todo el ciclo de la muralla china, se inserta dentro del paradigma de la construcción. Igual que las brigadas de obreros fueron componiendo a trechos insignificantes la inmensa muralla, así el pueblo construye aquí una teoría acerca del contenido de las leyes que lo gobiernan y se le ocultan. La labor es ingente como la de erigir la muralla: una tradición antiquísima sólo ha bastado a proporcionar unos materiales exiguos. En la interpretación que aquí nos interesa, a la que este fragmento se presta quizá con más nitidez que los analizados anteriormente, el pueblo puede identificarse con el sujeto que trata de conocer el derecho como realidad objetiva e intenta su descripción. Merece la pena detenerse en los resultados que el pueblo de la narración ha obtenido. Son muy superiores a los alcanzados por el campesino o el agrimensor K. Y es que la actitud del pueblo no es la del peticionario, sino la del constructor: la del que ejercita serenamente sus habilidades de artífice, ordenando los datos sin más pretensión que la del conocimiento. Por eso este fragmento es más equilibrado, menos impulsivo y más fértil en sus hallazgos. Con su sereno raciocinio complementa inmejorablemente las sugestiones intensas pero menos traducibles que nos ofrecían las otras dos obras estudiadas.

En principio, el derecho es un secreto, «del grupo de aristócratas que nos gobierna». El derecho sirve, además, sin ningún pudor, a los fines de esa clase que lo creó, de tal modo que no hay ni que pensar en que interpreten las normas en su beneficio, porque puede presumirse que ya fueron hechas inequívocamente para él. Incluso se nos dice que la aristocracia está, en cualquier caso, fuera de la ley. Con una eficacia retórica y estética innegable, Kafka resume de pasada, casi candorosamente en la naturalidad con que el narrador lo describe, un panorama que evoca la crítica al derecho de Marx, con una asombrosa y puntual coincidencia de argumentos. Pero a renglón seguido Kafka se interna en una senda original. Nos plantea la posibilidad de inexistencia del derecho desde un punto de vista estrictamente ontológico —no la inexistencia en una perspectiva axiológica atinente al valor justicia que se correspondería con el derecho como superestructura ordenada al mero provecho de la clase dominante—. En definitiva, se trata de desembocar en un argumento genuinamente voluntarista, que parafrasea el *Quod principi placuit legis habet vigorem* del Derecho romano del Imperio: «Lo que la nobleza hace es ley». Pero no se detiene ahí —si lo hiciera, la originalidad sería relativa—. Kafka nos da una visión muy singular del pueblo sometido a ese derecho que no le pertenece. No sugiere una revolución indiscriminada. En realidad, no se sugiere revolución de ningún tipo. El pueblo es un pueblo investigador, científico, que busca su liberación en la ciencia, en un progresivo conocimiento de las leyes que las haga suyas. Lo que sucede es que esta pretensión choca con los obstáculos que se apuntan en el párrafo final. El pueblo no puede conquistar la ley, arrebatándosela a la nobleza; la ley es consustancial a la nobleza y la nobleza un elemento cuya dominación está irreversiblemente asumida por el pueblo. La razón de ambos obstáculos viene a ser la misma y Kafka la formula con contundencia. De las leyes en general el pueblo no tiene más que datos inseguros, fragmentarios; en definitiva, «la única ley visible y exenta de duda... es la nobleza». Y de esta ley, como dice el anónimo escritor citado al final del fragmento, no puede el pueblo privarse, porque tampoco le consta tener otra ley, y la ley, aun reducida a un simple hecho representado por una aristocracia gobernante, es valorada como necesaria.

En definitiva, el derecho vuelve a aparecer como algo ajeno al individuo, como el patrimonio de una clase que lo administra sin rendir cuentas a nadie, sin verse siquiera apremiada a esclarecer que existen unas normas que aplica. Prescindiendo de todo fundamento racional o de justicia, el derecho no parece asentarse más que en una relación de poder. Pero también es preciso retratar las peculiaridades de ese poder: en ningún sitio se nos habla de sus manifestaciones. Como ocurre con el castillo, o como la ley defendida por una cadena de porteros, la fuerza que impone la norma —o que constituye la norma— no se muestra como un acto, sino como una potencia; y si la analizamos en el proceso que va de *Ante la ley* a *Sobre la cuestión de las leyes*, pasando por *El castillo*, descubrimos que resulta crecientemente abstracta, cada vez más una fuerza moral, que se impone a la conciencia de los súbditos.

Es en este punto donde se contienen las particularidades de más relieve de este fragmento. El pueblo acepta las leyes y por tanto, acepta a la nobleza, ya que esta es la única ley que conoce. A tal punto llega en su sumisión que contempla la posibilidad de que no haya esas otras leyes que sospecha y sobre cuyas características investiga. Prima sobre toda otra consideración del derecho la de un orden eficiente. La nobleza —ya sea con sus leyes o siendo ella misma la única ley— garantiza la cohesión y aun el sentido del pueblo. La justicia cede ante esto. El pueblo se siente «mortificado» al estar sujeto a unas leyes ignotas y que son instrumento de la aristocracia, porque no es posible otra reacción, pero lo consiente, y quienes predican ideas «subversivas» suscitan en la mayoría la sensación de situarse en la irrealidad.

Permanece en este relato la incognoscibilidad última del derecho, el desvalimiento del individuo que quiera fundar en el orden objetivo una pretensión subjetiva —ya que ese orden objetivo es un secreto—. Pero el pueblo de *Sobre la cuestión de las leyes* penetra en el problema, a su modo, y también a su modo encuentra la solución que le es negada al agrimensor K. y al campesino de *Ante la ley*. Soslayando la injusticia insoluble, la salida se abre por una vía axiológica que atiende a otra orientación: la seguridad. Paradójicamente, un orden jurídico arcano es la garantía frente a la incerteza. Hay una ley, injusta, la de que la nobleza gobierna. Pero es una ley inatacable, firme. Da una referencia que siempre estará ahí, porque el pueblo siempre acatará su sujeción. Ante esta referencia perenne, el de si hay otras leyes no es un asunto fundamental. Hay algo sobre lo que apoyarse, contra toda circunstancia.

A primera vista, y sobre consideraciones de equidad, la solución que se da el pueblo es inadmisible. Pero puede hacerse la siguiente interpretación: la nobleza asienta en gran medida su dominación sobre la creencia del pueblo de que esta dominación debe persistir; de un modo alambicado y bien curioso, el pueblo se apodera inconscientemente del derecho que por naturaleza y origen no le pertenece, y ello es así porque a fin de cuentas convierte a la aristocracia en una realidad que le presta una utilidad, la de cimiento de su orden social. K. y el campesino no obtienen nada del castillo o de la ley. El pueblo de esta narración saca su fruto de las leyes —es decir, de la aristocracia—. Arranca de un conocimiento lleno de oscuridades, pero también provisto de una certidumbre mínima que lo hace fecundo como no aciertan a serlo las aventuras del agrimensor y el campesino. Y termina llegando a un sentimiento de culpa —«antes bien, debemos odiarnos a nosotros mismos, por no ser dignos aún de tener ley»— que resuelve acomodándose al estado de cosas reinante. En la aceptación está la conquista, la paz. A ser dominado por la nobleza sí tiene el pueblo derecho, un derecho irrefutable. El pueblo —o el individuo— logra al fin ostentar un derecho subjetivo, sobre la base de una convicción parca, pero irrebatible, acerca del problema que en otras tentativas a los protagonistas de las metáforas kafkianas se les había resistido íntegramente: el derecho como orden objetivo. Un orden que es con claridad expresión de un poder. Un poder que tiene una plasmación muy abstracta, tanto que en el fondo todo puede ser absurdo, pero sobre el que hay una imprescindible certeza. El convencimiento psicológico determina así en cierta medida la realidad, confiriendo su estabilidad al conjunto.

Mucho tiene que ver este desenlace con la experiencia personal y vital de Kafka. Él se consideraba un expulsado, alguien que había hecho el viaje desde la tierra de Canaán al desierto, por decirlo con sus palabras. Su ambición fue en una porción importante ganar para sí una vida «normal», poder someterse al orden instituido, al que se creía naturalmente inadaptado. Cuenta Max Brod cómo le remitió Kafka en cierta ocasión a la anécdota que refiere la sobrina de Flaubert en la introducción al epistolario del novelista francés: «¿No habrá lamentado (Flaubert) en los últimos años no haber transitado el camino trillado? Casi que podría creerlo cuando rememoro las sentidas palabras que una vez acudieron a sus labios mientras volvíamos a casa caminando a lo largo del Sena (habíamos visitado a una de mis amigas y la habíamos encontrado en medio de una bandada de hermosos hijos). "Están en lo cierto (*Ils sont dans le vrai*)", dijo, refiriéndose a ese honorable y buen hogar».

Podría parecer que el autor de Praga abdica en este punto de anteriores planteamientos que hemos calificado como críticos, pero pensar eso no deja de representar una inexactitud. El individuo extenuado en la búsqueda infructuosa de su vía propia —de su propio derecho— implora descansar a la manera común

—acatando lo indudablemente vigente, aunque esto sólo sea su condición de sometido—. A pesar de todo, quedan sus observaciones, sus audaces testimonios del absurdo, de los que no reniega. Y los vertidos en *Sobre la cuestión de las leyes* son de los más incisivos jamás escritos acerca del derecho.

VI. *El proceso*. La culpa. El derecho como punición

El asunto de *El proceso* es sobradamente conocido. Bastará a nuestros efectos una síntesis casi telegráfica: Josef K., empleado de banco, despierta una mañana —como una mañana despierta Gregor Samsa, el protagonista de *La metamorfosis*, para ver que se ha convertido en insecto; siempre el absurdo apoderándose implacable de lo cotidiano— y descubre que está procesado. Él no cree haber cometido ninguna falta, y durante toda la historia, a lo largo de sus relaciones con el indescifrable y complejo aparato del tribunal y con los seres que en su proximidad viven, trata de averiguar sin éxito de qué se le acusa. Finalmente, tras un desarrollo que Kafka no llegó a elaborar por completo, el capítulo último —que sí redactó— nos informa de que Josef K. acaba siendo ejecutado. Mientras el verdugo le retuerce el cuchillo en el pecho, el procesado K. piensa —y esta es la frase que cierra el libro—: «Era como si la vergüenza hubiese de sobrevivirle».

Esta elocuente afirmación final nos advierte de que, entre los paradigmas más arriba formulados como herramientas de nuestro análisis, en *El proceso* pesa de una forma fundamental el de la culpa. A su través, se ofrecen reflexiones que sirven para la caracterización desde la óptica kafkiana de una de las funciones que desde su aparición como instrumento regulador de la convivencia humana más ostensiblemente ha cumplido el derecho: la función punitiva.

Pero nuestro estudio a propósito de esta obra va a ser doble, ya que de ella hemos seleccionado dos fragmentos que responden a orientaciones diversas. Ambos corresponden al capítulo VII, uno a su inicio, en el que K. conversa con su abogado; otro a su término, donde K. se entrevista con un pintor que tiene influencias en el tribunal por ser su retratista oficial. De ellos, el primero atiende, más que a la culpa y al castigo, a la descripción del derecho objetivo materializado en las estructuras que lo aplican y su funcionamiento, con un sentido «constructivo» afín al consignado en apartados precedentes de este trabajo. El segundo se refiere más expresamente a los conceptos aludidos en el título de este apartado. Trataremos ambos fragmentos por separado, el primero con brevedad, para centrarnos en el segundo.

A) Conversación con el abogado

Este pasaje, a través de la charla que K. mantiene con el Dr. Huld, letrado de prestigio que se encarga de su defensa, nos da una idea verdaderamente singular de lo que es el funcionamiento del tribunal y, como reflejo, el derecho que en él se aplica. Nos limitaremos, por no ser excesivamente prolijos, a extractar, con ligeras anotaciones puntuales, el contenido del fragmento, que por lo demás se comenta por sí solo y ahonda en direcciones ya apuntadas antes en estas líneas.

Al principio de la conversación —más propiamente monólogo del abogado— Josef K. ya muestra su escepticismo y aburrimiento ante las peroratas inacabables de su defensor. Éste, ajeno a la actitud de K., empieza refiriéndose a un memorial que ha dirigido al tribunal, respecto del que no tiene muchas esperanzas de que sea leído siquiera. Los memoriales de los defensores se agregan a los expedientes sin más trámite, y no se examina el expediente hasta que todo el material ha sido reunido. Para entonces, es frecuente que el memorial se haya traspapelado. Todo esto es lamentable, pero no debe olvidarse que el proceso no es público, por lo que las actas del tribunal, entre ellas el texto de la acusación, no son conocidas por abogado y acusado. Ello hace que el primer memorial sea como una piedra tirada al azar. Sólo mucho más adelante, cuando el proceso está más avanzado, y observando por dónde ha discurrido, puede sospecharse con más aproximación de qué se acusa exactamente al procesado y enviar memoriales más certeros.

El abogado se encuentra así en una posición difícil, pero hay que tener en cuenta que la defensa no está permitida por la ley, sino simplemente tolerada —nuevamente nos encontramos el esquema formal del individuo como precarista—, y aun sobre la interpretación de la ley en sentido tolerante hay discusión. Los abogados están en condiciones degradantes, la sala que tienen en el tribunal es una cueva inhóspita. Lo más importante para la defensa son las relaciones personales, no con los tramos inferiores del funcionariado, en los que hay cierta venalidad de la que los abogaduchos creen sacar un provecho en realidad nulo; sólo con los funcionarios superiores esas relaciones personales son fecundas, y esto está al alcance de pocos abogados, entre ellos el Dr. Huld.

De todos modos, el de las relaciones con los funcionarios es un arte inseguro; a veces, parece que se ha ganado a uno para la propia causa y al día siguiente este mismo funcionario, que sólo unas horas antes asentía a los argumentos que se le ofrecían, produce una decisión extremadamente perjudicial para el acusado. Ahora bien, ayuda a los propósitos del abogado el que los jueces necesiten en ocasiones de él. Aquí se pone de manifiesto la desventaja de una organización judicial que establece juicios secretos: a los jueces les falta contacto con la población; para paliar esta carencia recurren a los abogados, pero también para completar sus conocimientos jurídicos. «La jerarquía y el escalafón del tribunal era infinito e inabarcable incluso para los iniciados. El procedimiento solía ser también secreto para los funcionarios inferiores. De ahí que no pudieran seguir casi nunca de un modo completo, en todo su desarrollo, los casos en que trabajaban. Así pues, un asunto judicial aparece en su campo de visión sin que sepan a menudo de dónde viene, y luego sigue su curso sin que sepan a dónde va. (...) Sólo pueden dedicarse a la parte del proceso que la ley delimita para ellos, y de todo lo que

sigue (...) saben casi siempre menos que la defensa». Por eso
piden consejo a los abogados, o incluso les muestran los expedientes por lo común tan secretos, acuciados por esta necesidad
de que les asesoren, y mientras el abogado estudia los legajos el
funcionario se asoma desesperado a la ventana. Otra vez encontramos la idea de las zonas de anomia, de las fisuras en un sistema con pretensiones de perfección tan desorbitadas que exacer-
ba el secreto y niega así el derecho a la objeción; una anomia
que, en la línea de la fría crueldad de las alegorías kafkianas, no
proporcionará de todos modos ningún beneficio al acusado. Por
todo esto, concluye el Dr. Huld, el acusado ha de dejar al abogado que realice su trabajo, sin estorbarlo. A este respecto, resulta
notable que los abogados —y aun el mas insignificante rábula
participa de esta prudencia— no pretendan nunca introducir re-
formas en el tribunal. Cosa distinta ocurre con los acusados.
Como cierre de este resumen, no nos resistimos a transcribir el
magnífico trozo de prosa en que Kafka describe este anhelo de
innovación de los sometidos a proceso:

«En cambio —y esto es muy significativo— casi todos los
acusados, incluso los más lerdos, se ponen a urdir propuestas de
mejora en el mismo momento de iniciarse el proceso, y así gas-
tan a menudo un tiempo y unas fuerzas que podrían emplear
mucho mejor en otras cosas. Lo único acertado es adaptarse a
las condiciones existentes. Aunque fuese posible mejorar algún
detalle —lo cual es una suposición estúpida—, uno obtendría,
en el mejor de los casos, alguna mejora para los procesos futu-
ros, pero se habría perjudicado incalculablemente a sí mismo,
puesto que habría atraído la atención del cuerpo de funcionarios, siempre sediento de venganza. ¡Lo importante era no llamar la atención! Obrar con calma, aunque esto fuese contra los
propios deseos. Intentar darse cuenta de que aquel inmenso organismo judicial se encuentra, en cierto modo, en una posición
eternamente vacilante, y de que, si uno cambia algo por su
cuenta y desde su puesto, la tierra desaparece bajo sus pies y él

mismo puede despeñarse, mientras que al gran organismo le resulta fácil encontrar otro lugar en sí mismo —puesto que todo guarda relación— para reparar la pequeña alteración, efectuando las sustituciones necesarias y permaneciendo inalterable, si no resulta que todo se vuelve, cosa aún más probable, mucho más cerrado, más vigilante, más rígido, más maligno».

Como el pueblo «científico» de *Sobre la cuestión de las leyes*, en este trozo parece llegarse a la insoslayable conclusión de que la salida para el sujeto es la resignación, o más exactamente, ya que aquí no hay salida —el proceso es inexorable, el tribunal se encuentra en «una posición eternamente vacilante», otra visión kafkiana del abismo—, ella es la actitud menos perniciosa. Una vez más hay que hacer notar que esta invitación a conformarse —hecha por un personaje en cierta medida ridiculizado, como es el Dr. Huld, pero con un razonamiento nada ridículo— no depaupera toda la crítica que la antecede —y obsérvese de qué precisa inspiración jurídica son algunos de sus elementos, por ejemplo, la descalificación del proceso penal inquisitivo y secreto, cuya abolición no es algo que podamos decir que data de muchos siglos en nuestro derecho y en los de nuestro entorno—. Kafka denuncia, arremete incluso, con la violencia que late bajo la precisión quirúrgica de su retrato del infierno. Termina flaqueando porque asume el lugar del individuo ante la omnipotencia de la realidad adversa; de quien, débil para el mero reto de subsistir, ya ha cumplido con creces su deber contando lo que ha visto y sólo implora derrumbarse.

B) Entrevista con el pintor

Esta entrevista, como la anterior con el abogado, se inscribe dentro de los esfuerzos de K. por profundizar en el conocimiento del tribunal que le ha procesado y de los criterios que rigen su situación. El pintor ha heredado el cargo de retratista del tribunal. Ello le permite conocer a muchos jueces y le dota de una influencia que K. trata de emplear en su favor. Resumimos a continuación su coloquio.

La conversación se inicia con una pregunta del pintor que sorprende a K.: «¿Es usted inocente?» Sobreponiéndose a su asombro, K. responde con decisión: «Sí». De lo que el pintor deduce: «Entonces el asunto es sencillísimo». K. menea la cabeza y hace notar que el tribunal se pierde en una infinidad de sutilezas y «acabará sacándose de cualquier parte, de donde al principio no había absolutamente nada, una gran culpa». Agrega K. que, como sabrá el pintor, es dificilísimo hacer abandonar al tribunal la convicción de que el acusado es culpable. «¿Dificilísimo? Jamás es posible hacer abandonar sus convicciones al tribunal», replica el pintor. No obstante, el pintor se muestra convencido de sus posibilidades de ayudar a K. El tribunal es inaccesible a las pruebas que uno presenta ante él, pero «las cosas funcionan de modo muy distinto en todo aquello que, en este aspecto, se intenta al margen del tribunal público». Nuevamente, como el abogado ya le revelase a K., las relaciones personales con los jueces, para las que el pintor está especialmente caracterizado, se erigen en un factor esencial. Acto seguido, el pintor se dispone a explicar a K. los pasos que va a dar en su ayuda. Pero previamente necesita saber qué clase de liberación desea. Existen tres tipos: absolución real, absolución aparente y aplazamiento. La absolución real es sin duda lo mejor, pero ni él ni nadie tiene influencia para obtenerla. Tal vez lo único decisivo para ella sea la inocencia del acusado, y puesto que K. es inocente, quizá debiera confiar en que la alcanzará sin la cooperación de nadie. Ante esta exposición K. primero se siente aturdido y luego hace ver al pintor que en sus palabras hay, aparentemente, contradicción. Antes le había dicho que el tribunal era inaccesible a toda prueba, luego había limitado esta apreciación al tribunal público, y ahora dice que el inocente no necesita ayuda ante él. Otra contradicción está en que antes aseguraba que podía influirse personalmente en los jueces y ahora afirma que para la absolución real no sirven las influencias. A lo que el pintor contesta: «Estamos hablando de dos cosas distintas, de lo que dice la ley y de lo que yo he experimentado personalmente; no debe usted confundirlas. La ley, que por otra parte no he leído, dice, por un lado, que el inocente será absuelto, como es lógico; por otro lado, no dice que los jueces puedan dejarse influir. No obstante, yo he experimentado justamente lo contrario. Jamás he tenido noticia de una absolución real, pero sí la he tenido de muchas influencias. Naturalmente es posible que no haya existido inocencia en ninguno de los casos que he conocido. Pero, ¿no le parece improbable? ¿Ni un solo caso de inocencia en tantos procesos?». K., amargamente, observa: «Esto no hace más que confirmar la opinión que tengo ya del tribunal (...). Un solo verdugo podría sustituir a todo el tribunal». El pintor le aconseja que no generalice, que sólo le ha hablado de su experiencia. En otras épocas, se dice, ha habido absoluciones, extremo difícil de comprobar porque las decisiones finales del tribunal no se publican; ni siquiera los jueces tienen acceso a ellas. Pero hay leyendas al respecto, que «es indudable que contienen algo de verdad, y además son muy bonitas». K. pregunta si pueden aducirse tales leyendas ante el tribunal. El pintor se echa a reír. «No, no se puede».

Desestimada por tanto la opción de la absolución real, el pintor se centra en las otras dos, la aparente y el aplazamiento. La primera exige un esfuerzo concentrado pero temporal; el segundo un esfuerzo mucho menor pero permanente. Para la primera es necesario redactar una declaración, cuyo texto le ha sido transmitido al pintor por su padre y es totalmente intocable. Con esta declaración habría que ir recabando el apoyo del mayor número posible de jueces, a los que el pintor explicaría que K. es inocente. Cuando reuniera una cantidad suficiente de firmas de jueces iría con ellas al juez que conoce del caso de K. Entonces todo evoluciona deprisa. Con la garantía de un buen número de sus compañeros, el juez puede absolverle sin cuidado, y lo haría, para complacer al pintor y a otros conocidos suyos. K. quedaría libre. Pero sólo aparentemente. Los jueces inferiores, que son los que el pintor conoce, no pueden absolver de modo definitivo, prerrogativa exclusiva del tribunal supremo, completamente inaccesible: «No sabemos cómo van las cosas allí, y, dicho sea de paso, no queremos saberlo». K. se vería con la absolución aparente momentáneamente separado de su acusación, pero esta continuaría flotando sobre él. El expediente no desaparece —como ocurre en la absolución real—, continúa circulando. «Los caminos que sigue son insondables (...). Un día, cuando nadie lo espera, cualquier juez toma en sus manos el expediente, se da cuenta de que en dicho caso la acusación sigue viva y ordena inmediatamente el arresto». Así, empieza de nuevo el proceso, y habrá que repetir los esfuerzos antes hechos, para lograr una segunda absolución aparente, respecto de la que los jueces no están desfavorablemente predispuestos por el nuevo procesamiento, ya que este era a todas luces previsible. «Pero esta segunda absolución, sin duda, tampoco es definitiva», apunta K. «Claro que no, a la segunda absolución sigue el tercer arresto, al tercer arresto la cuarta absolución, y así sucesivamente», declara el pintor.

Percibiendo que la absolución aparente no es del agrado de K., el pintor le detalla las características del aplazamiento. Para este no hay que gastar tantas energías, pero es necesaria una mayor atención. No hay que perder de vista el proceso, hay que presentarse ante el juez a intervalos regulares, e intentar conservar su buena disposición. Si no se descuida nada, el proceso no pasará de esta fase, el acusado sigue sometido al proceso, pero está tan libre de una condena como si estuviese en libertad, con la ventaja sobre la absolución aparente de que su futuro es menos impreciso; el acusado no tiene que temer los arrestos repentinos, por ejemplo. Aunque tiene sus inconvenientes: el proceso ha de notarse desde el exterior, hay que hacer pesquisas, interrogatorios; para todo ello, sin embargo, el acusado puede concertar, incluso, las fechas que le sean más cómodas.

K., con la cabeza dolorida, se levanta y se dispone a marcharse. El pintor, como resumen final, le dice: «Ambos métodos tienen en común que impiden la condena del acusado». «Pero también impiden la absolución real», dice K. en voz baja, como si se avergonzara de haberlo advertido. «Ha captado usted el punto esencial del asunto», concluye el pintor.

A través de esta prolija exposición, que abarca quince páginas y de la que hemos creído necesario dar un testimonio lo más pormenorizado posible, Kafka nos ofrece una caracterización de la culpa donde el castigo encuentra su fundamento que merece un análisis detenido. Partimos de la premisa de que K. es inocente, o de ella parte él. Y a lo largo del discurso del pintor comprobamos que ese dato individual, subjetivo, queda completamente derogado por la calificación despiadada del orden objetivo que apunta en un sentido contrario, mediante dos vías: la inicial acusación, indestructible; y los modos de solución que al acusado se ofrecen, ambos asentados sobre una admisión de la culpa por el sujeto y una renuncia a la real absolución —a lo que Josef K. no se pliega, con esa tenacidad que raya en un heroísmo al que no llega el K. de *El castillo*, dada la penosa situación del procesado; la consecuencia será el trágico final de Josef K.—. En definitiva, el tribunal —que simboliza el orden externo y, a nuestros efectos, también el derecho—, en virtud de sus peculiares y reprobables mecanismos, imputa la culpa al sujeto y consustancia a este con ella a despecho de la convicción íntima del procesado de que la acusación es infundada. El orden objetivo humilla al sujeto, una vez más en el alegórico universo kafkiano. De la actuación del tribunal inferimos que el derecho no toma en consideración al individuo, carece de una inspiración teleológica que ubique en él un valor digno de protección; toda su finalidad es imponerle sus designios, cuya fuente no parece estar en mucho más que en una inercia absurda —o en el mejor de los casos, fortuita—, y cuyo respaldo no deriva sino del hecho de disponer de un aparato con aptitud para prevalecer sobre el súbdito. El derecho vuelve a ser fuerza desnuda, brutal, arbitraria.

No es difícil relacionar esta concepción de la culpa —cuya génesis es extrínseca al individuo, pero que acaba apoderándose de él con la efectividad de lo previo e inmemorial— con la experiencia vital de Kafka. De esta, en relación con *El proceso*, Elias Canetti selecciona su relación con Felice Bauer, que le arrojó a frecuentes circunstancias en las que se sentía inequívocamente culpable sin localizar en sí la causa de esa culpa. También resulta inmediato asociar el esquema expuesto con la idea hebraica del pecado original, anterior a toda conducta y conciencia del sujeto. En este sentido, podemos estimar que este pasaje abre posibilidades de interpretación metafísica y existencial tanto o mucho más fecundas que la jurídica que aquí se realiza. Parece oportuno traer a colación la definición del pecado original que Kafka nos proporciona en unas anotaciones halladas en un cuaderno de 1920: «El pecado original, la vieja culpa del hombre, consiste en el reproche que formula y en que reincide, de haber sido él la víctima de la culpa y del pecado original». El hombre es, por así decir, «naturalmente» culpable. La culpa no es suya como individuo, pero sí como miembro de la especie, y esta culpa genérica se convierte en una culpa personal al no aceptar la imposición superior de esa culpa que le es inherente, al formular la queja de su irresponsabilidad por lo que se le atribuye.

Evidente es el mensaje en las palabras que el padre le dirige a Georg Bendemann al final de la narración *La condena*: «Es cierto que eras un niño inocente, pero mucho más cierto es que también fuiste un ser diabólico. Y por tanto escúchame: ahora te condeno a morir ahogado». El padre aquí, Yahvé respecto al pecado original, el tribunal en *El proceso*: otros tantos símbolos utilizables como encarnación del orden que decreta la maldad del sujeto, como evocación del derecho cuya insensibilidad patentizan. Además del absoluto sacrificio de la justicia que se produce en el sistema judicial descrito por Kafka, este se hace acreedor a toda la crítica que suscita su funcionamiento por motivaciones de influencia personal o automatismo burocrático —crítica que puede utilizarse siquiera sea de modo parcial en relación a los sistemas jurídicos empíricamente observables—. Otro elemento de interés para un análisis desde el derecho, quizá el más relevante, en parte ya denunciado por el concepto de culpa, es el de la desposesión de la norma que sufren los sometidos a ella. Esto ya ha sido comentado al anotar otras obras de Kafka. El derecho no pertenece a aquellos sobre los que actúa, sino a una incierta y oscura casta «sacerdotal» que se guía por una intención indescifrable. La máquina judicial no actúa para los individuos; se «alimenta» de ellos, como si fueran un combustible que precisa hacer circular de uno a otro de sus negociados, para nutrir una actividad justificada en sí misma o en nada, según podemos sospechar. No hace falta explicitar que en este aspecto la crítica de Kafka es singularmente dura. El resultado final es que la inocencia no existe. La dialéctica entre el convencimiento psicológico del individuo de su no culpabilidad y la afirmación puramente normativa que en sentido contrario emite el tribunal —en función de su muy discutible mecánica—, se resuelve, incluso en un plano ontológico, a favor del último. La inocencia queda como una idea sobre la que sólo hay leyendas «muy bonitas». Contienen algo de verdad, dice el pintor, pero en términos de eficacia práctica esa verdad es inoperante y, por tanto, prescindible.

El formalismo desmesurado e inútil, la desvinculación entre el aparato judicial y el justiciable, la objetivación implacable e indiscriminada de los casos singulares que ante el tribunal se presentan, arrojan como consecuencia esta atroz conclusión que bien pudiera corresponder a la época, o al estado, en que el derecho no existía o era de una imperfección escandalosa. Una evolución desarrollada desatentamente desde aquel estadio primitivo ha devuelto a él lo jurídico, que por tanto merece un poco o un mucho menos tal denominación sobre una base que no sea la de la mera coercibilidad. Parece Kafka plantear la duda de si lo que reconocemos como derecho no posee otro atributo crucial que el del poder con que se impone —con lo que quizá debiera reorientarse el concepto de derecho hacia ese contenido, colegiría un positivista—, y nos desmoraliza sobre la cuestión de si el derecho así configurado consigue aquello que tanto valoran los habitantes del pueblo sometido a la nobleza en *Sobre la cuestión de las leyes*: la seguridad y la certeza. Lo único realmente seguro es el castigo.

En su breve pero muy profundo trabajo acerca de Kafka en el décimo aniversario de su muerte, antes citado en estas páginas, Walter Benjamin sintetiza con gran acierto las aplicaciones de esta metáfora kafkiana. Transcribimos un párrafo que muy bien viene a resumir y enriquecer lo tratado en este apartado.

«Los tribunales tienen códigos, pero códigos que no se pueden ver. "Es parte de este sistema el que uno sea condenado sin saberlo", piensa K. En la prehistoria las leyes y las normas definidas permanecen como leyes no escritas. El hombre puede violarlas sin saberlo y así incurrir en el castigo. Pero pese a la crueldad con que puede herir a quien no se lo espera, el castigo, en el sentido del derecho, no es un azar sino un destino, que se revela aquí en su ambigüedad. Ya Hermann Cohen, en un rápido análisis de la concepción antigua del destino, lo ha definido como "un conocimiento al cual es imposible sustraerse" y "cuyos mismos ordenamientos parecen originar y producir esa infracción, esa desviación". Lo mismo vale para la justicia que procede contra K. Este procedimiento judicial nos conduce mucho más allá de los tiempos de la legislación de las Doce Tablas, a una prehistoria sobre la cual el derecho escrito fue una de las primeras victorias. Aquí el derecho escrito se encuentra por cierto en los códigos, pero secretamente, y en base a ellos la prehistoria ejerce un dominio tanto más ilimitado».

VII. Valoración e hipótesis final. Sobre el posible pensamiento jurídico de Kafka y su vigencia

Resulta arduo enjuiciar la filosofía sobre el derecho de alguien que no intentó ostensiblemente filosofar sobre él. Los datos aquí obtenidos son resultado de una interpretación orientada a un fin, y sí alguna crítica hay que hacer es a la interpretación, para lo que el intérprete carece de perspectiva. Tampoco el sistema metafísico general de Kafka se presta fácilmente a la crítica; como toda metafísica hecha desde el individuo, mediante una mirada subjetiva y particular, conserva una validez inatacable, incuestionable salvo que se cuestione al individuo mismo, y eso ya es otra historia. Podría criticarse a Kafka desde el punto de vista de aquello que él quiso hacer, es decir, desde el punto de vista literario, pero no es este el lugar apropiado ni tampoco esa es tarea fácil. Baste apuntar que la técnica de Kafka aúna la simplicidad con el rigor, y que su estilo es tan original y peculiar que toda evaluación tropieza con el obstáculo de la falta de referencias. La obra de Kafka se nos aparece como un bloque ante el que cabe adherirse o repudiarlo, más según la conciencia de cada uno y la propia inclinación que sobre argumentos imparciales y asépticos. Si es que tales argumentos existen.

No hay que perder de vista que, en efecto, se trata de una obra literaria. Como tal, su valor vendrá dado por su mérito como edificio artístico, y este será tanto mayor cuanto más intenso sea su impacto sobre la sensibilidad del lector. Aquí tratamos de obtener resultados filosófico-jurídicos, y con esta mira, habrá que advertir que no es posible exigir al texto kafkiano la exactitud empírica que cabe reclamar a la obra científica —Kafka no fue un escritor naturalista, por fortuna—. El cuadro que Kafka traza puede parecer desde un punto de vista científico desproporcionado o excesivo, no tanto por el tono de su discur-

so —siempre contenido— como por las realidades reflejadas.
Sobre ello diremos que no conviene olvidar la finalidad eminen-
temente estética de una obra literaria, para la que llevar las cosas a su radicalidad es un recurso legítimo; de otra parte, en lo
que de trasunto de la realidad que le rodeaba tiene la obra de
Kafka —un trasunto no literal ni servil porque sus novelas no
son realistas, en el más ramplón sentido del término—, su ámbito es más ambicioso que el estrictamente jurídico. Pero, hechas
estas salvedades, no puede ocultarse que el conjunto de la obra
de Kafka parece sugerir la dramática duda: ¿no será todo, en
verdad, así de minuciosamente terrible? Como incertidumbre
que mueve a la reflexión, también a lo jurídico podría aplicarse
este interrogante.

Ya hemos descrito anteriormente la verosímil repercusión
que tiene el derecho y su experiencia de él en la literatura de
Kafka, y el alcance limitado que cabe dar a los símbolos relacionados con lo jurídico que en ella hay. Entonces delimitamos
el sentido que pueden tener las conclusiones de este estudio: el
de hipótesis, no improbable, tampoco segura. Conjugando esta
regla de actuación con las que impone el carácter literario de la
obra aquí tratada, parece admisible clasificar los resultados re-
gistrables y más útiles de nuestro análisis en dos aspectos fundamentales, situándonos ya en el terreno filosófico-jurídico: el
axiológico y el crítico. Tales son, en nuestra opinión, las dos
aportaciones mas considerables de la obra de Kafka a los efectos aquí buscados. Sintéticamente, se expondrán a continuación
los ejes principales que en ambos campos deducimos de cuanto
antecede.

A) Perspectiva axiológica

Aquí se aprecia una oscilación clara, aunque descompensada hacia uno de los valores en liza. No hay duda de que la preocupa-

ción kafkiana se inclina hacia el valor «seguridad jurídica». Desde múltiples enfoques. Por un lado, la constante alusión a la ley desconocida, secreta, es una queja no menos continua hacia la inseguridad del sujeto, que no sabe qué conducta seguir para, en unos casos, acceder a lo que cree que ha de dársele, y en otros, librarse de acusaciones para cuya formulación nada siente haber hecho. El derecho ha de ser cierto, así lo juzgan los personajes kafkianos, y sus peripecias revelan las funestas consecuencias de un orden en el que esa certeza se ve negada, enmascarada bajo el misterio que custodian organizaciones que no rinden cuentas. Otra manifestación de esta preeminente aspiración axiológica viene representada por la solución que explícitamente se nos ofrece en *Sobre la cuestión de las leyes* y sugiere el Dr. Huld en *El proceso*: la resignación, la adaptación del sujeto al orden inicuo aferrándose a aquello que este puede presentar como su único contenido positivo, la certeza de la dominación. Es la única certeza, es a todas luces un desafuero, pero como cosa cierta es en sí un bien, una referencia a la que hay que asirse desesperadamente. Esta concepción de la seguridad jurídica podría llevar a interpretaciones totalitarias, pero además de objetables serían muy irrespetuosas con el ideario que Kafka proclamó siempre suscribir; una vez más hay que acotar que más que de una proposición fruto de la voluntad, se trata de una rendición impuesta por la desproporción del combate. Kafka se nos revela como un autor esencialmente pesimista, para el que la salvación o la liberación no son más que un espejismo y por tanto no pueden perseguirse. No es una vocación, la de someterse, sino un mal menor entre males inmensos. Y hay algo que puede darnos que pensar respecto a la actitud final de Kafka, aun hecha esta posibilista y decepcionante elección racional. Josef K. y K. mueren, empeñados en su guerra perdida. Podrá criticarse al pensamiento kafkiano el que no ofrezca alternativas —quizá esta sea su máxima insuficiencia, aunque habría que tener presente que con ello le estamos haciendo jugar fuera de su terreno, que la literatura no tiene el deber de resolver nada—, pero no, por cierto, que la sumisión a la injusticia quede como la apuesta única. Lo que ocurre es que la apuesta de perseverar no lleva más que a la destrucción. Kafka advierte sobre ello, no nos engaña, y al final se destruye, movido por un impulso que él mismo ha caracterizado como insensato pero que no deja de seguir. No parece ni mucho menos justo despreciar a K. como conformista.

Esta preocupación por la seguridad tiene antecedentes, aparte de en su experiencia personal —no es ocioso recordar su padecimiento del arbitrario poder del padre, o que su actividad profesional se desenvolvió en el área de los seguros de accidentes de trabajo—, en pensadores como Kierkegaard, en cuya *Escuela de cristianismo*, se lee: «Dirigíos al orden establecido, adheríos al orden establecido y tendréis medida. (...) El orden establecido es el racional; feliz si te atienes a las condiciones de relatividad que te son asignadas». Sobre este fragmento, Guido Fassò comenta: «El orden establecido proporciona, en definitiva (...) aquel bien que se quiere conseguir con el derecho y que los juristas llaman certeza». Más adelante el profesor italiano hace una afirmación que bien vale para Kafka: «Del mismo modo que, frente a la identificación entre lo absoluto y lo humano realizada por Hegel, Marx reaccionó reduciendo la realidad únicamente a lo humano, así Kierkegaard lo hace atribuyendo valor solo a lo Absoluto, a lo divino». También en Kafka el individuo sucumbe ante el Absoluto, si bien esto está dicho con un talante más refractario a este destino que el de Kierkegaard, lo que le confiere las posibilidades críticas que mas adelante se enumerarán y de las que el filósofo danés carece. Véase en *Temor y Temblor* el panegírico de Abraham: «Sabía que aquel sacrificio (el de Isaac) era el más difícil que se le podía pedir, pero también sabía que no hay sacrificio demasiado duro cuando es Dios quien lo exige, y levantó el cuchillo». Igualmente resulta de interés la observación que Fassò hace sobre Dostoievski, algunas páginas después en su *Historia de la Filosofía del Derecho*, resumiendo así cierto pasaje célebre de *Los hermanos Karamázov*: «Cristo, a quien el Gran Inquisidor, es decir, la Iglesia, y mucho antes la sociedad organizada le reprochará el haber dado a los hombres la libertad, don que los hombres no quieren, ya que los hombres no quieren la libertad sino la seguridad, aun a costa de ser esclavos, y su naturaleza de hombres reclama la autoridad». Como se recordará, Kafka leyó con simpatía y con admiración a Dostoievski y a Kierkegaard.

El otro valor que aparece en la obra de Kafka, con un reflejo más débil, dado por el lamento más o menos enérgico por su ausencia en las organizaciones que retrata, es el valor «justicia» —que podría comprender los valores «dignidad» y «libertad»—. Es una justicia ideal, anhelada con desesperanza, que se plasmaría en limitar la culpa a aquello de lo que se siente responsable el sujeto, o en el otorgamiento a este de lo que cree merecer. La justicia sería así el ajuste entre la conciencia ética individual y ese orden objetivo externo que en la obra kafkiana tan sistemáticamente ignora esa conciencia. A veces con timidez, otras con rabia y dureza —«un solo verdugo podría sustituir a todo el tribunal»—, Kafka reclama ese valor cuya realización, por otra parte, parece del todo impensable. De nuevo, el pesimismo kafkiano es exhaustivo.

B) Perspectiva crítica

Tal vez sea aquí donde la reflexión kafkiana, puesta en relación con el derecho, se revele como un instrumento más eficaz y de mayor vigencia. Ya su contenido axiológico entraña denuncia, de una contundencia tan notoria como repugnantes son los sistemas que nos pinta, y que no deben recluirse a priori en la categoría de hipérboles inverosímiles y por tanto inocuas. Aceptable es que, como obra literaria, desborde a veces manifiestamente la realidad, pero esto, que es verdad en un plano externo, deja de serlo un tanto si atendemos a la significación profunda de las cosas. Uno de los mayores logros de Kafka es sacar a la luz lo horrible de lo cotidiano, de lo que aprobamos o desaprobamos sin conmovernos cuando a menudo deberíamos echarnos a temblar. Las diferencias de pura fisonomía no han de impedirnos apreciar la perspicacia que late en su llamada de atención acerca de los falsos hábitos mentales generalmente asumidos. Quizá nuestra renuencia a admitir que todo sea tan absurdo como Kafka asevera no es sino el fruto más acabado de esos falsos hábitos. Aquí surge la perspectiva crítica.

Parecerá a muchos opinable que las deficiencias denunciadas por Kafka, al referirlas como estamos haciendo al derecho y a su realidad actual, lo sean tan absolutamente como él las formula. Una estimación prudente obligaría, se dirá, a restarles hierro. Pero no queremos hacer aquí nuestra ninguna apreciación, ni temeraria ni comedida. El grado en que la crítica sea válida es cuestión sobre la que cabe moverse, según el propio criterio, de uno a otro extremo de la gama de posturas posibles. Con la intensidad que se quiera, pues, y recapitulando parte de los elementos analizados durante estas páginas, la crítica de Kafka nos desvela insuficiencias entre las que destacamos:

- El derecho como orden ajeno a los sujetos, insensible a ellos. En una época en que todas las constituciones políticas se abren con la solemne proclama de que «la ley es expresión de la soberanía», «la soberanía reside en el pueblo» o «la justicia emana del pueblo», tal vez debiéramos aún pararnos un minuto a meditar si el tribunal, o el castillo, o la ley con su portero, o la nobleza que es ella misma la ley, son o no algo más que patrañas urdidas por un checo débil aplastado por un complejo de inferioridad ante su padre.
- El derecho como herramienta ignota manejada sólo por iniciados inaccesibles, a través de procedimientos in-

comprensiblemente complejos, ante la mirada perpleja del individuo que quiere saber cuál es su posición y no lo averigua nunca. ¿Puede reírse de este panorama quien viva en un país con más de un centenar de procesos civiles, quien asista al frecuente desconcierto ante el tecnicismo de aquellos a quienes afecta una resolución judicial que siempre ha de traducirles un experto?

– La distorsión introducida en el derecho por las estructuras administrativas creadas por él y destinadas a su aplicación, que acaban adueñándose de la norma y suplantándola por sus reglas burocráticas internas, *praeter legem* en el mejor de los casos; si es que ante tal estado de cosas puede decirse que exista una *lex* previa y distinta a lo que resulta de su aplicación por los órganos que tienen encomendada su tutela. Cuando puede amenazarse con, por ejemplo, el retraso en la sustanciación de un recurso para forzar una transacción que la ley permitiría rehusar, ¿no surge un derecho paralelo debido al simple hecho de las estructuras creadas para hacer valer el presunto derecho objetivo?

– Las lagunas del derecho, la anomia subyacente al sistema que se pretende perfecto, y que sólo se muestra como tal en su faceta de imperio sobre el individuo inerme.

– El derecho como imposición de un poder, al margen de criterios de justicia, sobre los que ese poder no da explicaciones. La crítica kafkiana, producto de su época, analizada desde la perspectiva de su vigencia actual, queda desfasada por cierto importante detalle, en este punto: los sistemas jurídicos actuales cuidan más su imagen; no usan, salvo excepciones que corresponden a estadios de evidente incivilización, de una brutalidad tan descarnada como la del tribunal que manda ejecutar a Josef K. Pero, y esto es, naturalmente, una opinión, el derecho es en última instancia fuerza, y la fuerza, simplemente sea por

congruencia y por las leyes de la física, sólo nace de la
fuerza. No siempre el derecho es fuerza, pero ha de poder serlo, para ser derecho. Luego lo indispensable para
que un sistema jurídico funcione como tal es disponer de
un poder que lo respalde. La justicia y la racionalidad
son ingredientes deseables, exigibles por el sujeto, pero
sin los que desdichadamente un derecho puede, al menos
dentro de ciertos límites —que vendrán dados por la
magnitud de la fuerza que lo sustenta— funcionar. «No,
no hay que creer que todo sea verdad; hay que creer que
todo es necesario», dice el sacerdote a K. en *El proceso*.
La advertencia kafkiana sería utilizable en el sentido de
prevenir contra la ingenuidad de no considerar que algo
tan grave puede suceder. Es una llamada a desconfiar de
la liturgia y los ornamentos —de esas mecánicas fórmu-
las al uso que requieren acríticamente nuestro respeto—,
a buscar la justicia mas allá de las togas, porque nada
nos asegura contra todo riesgo que las togas no sirvan al
absurdo, como los jueces de *El proceso*. La inseguridad
kafkiana alumbra a este respecto una crítica tan acerba
como ella misma es.

Podrían recogerse otros muchos argumentos de esta índole,
que de uno u otro modo han sido apuntados a lo largo de estas
páginas. Es en esta vertiente crítica, insistimos, donde la obra de
Kafka, síntesis exquisita de radicalidad y equilibrio en el trasunto
de esa radicalidad, ha de dar más juego; su rigor y profusión pueden proporcionar una infinidad de objeciones contra el orden instituido de la realidad convencional. Aquí hemos pretendido cata-
logar algunas, en lo que aplicarse puedan a la realidad jurídica.
Puede desazonar la falta de propuestas de acción concreta para
remediar el *statu quo* desfavorable que Kafka nos ilumina. Sabemos por su vida y su obra que quiso plegarse; que no lo hizo. Eso
nos impide considerarle un inmovilista, pero poco más.

En un articulo publicado hace unos años, Pablo Sorozábal Serrano, con indudable acierto, denominaba a la de Kafka «la sabiduría del no». Esta es la especie de teoría crítica que late en la obra kafkiana, la de la pura negación; no la utópica —basada en una afirmación antitética—, de la que tantos practicantes figuran en la historia del pensamiento. Kafka no da solución, pero tiene sobre los utópicos la ventaja de ahorrarse el salto en el vacío, sin fundamento, en que casi inexorablemente la utopía termina incurriendo. Sorozábal Serrano vincula esta sabiduría del «no» kafkiana con la influencia humeana recibida a través de los cursos de filosofía impartidos por Anton Marty a los que Kafka asistió en su juventud. Quizá esta afirmación sea demasiado osada en la seguridad con que se produce, pero en modo alguno resulta disparatada. En efecto, las teorías de Hume ilustran muy oportunamente la obra de Kafka. Sobre todo, en lo referido, como Sorozábal apunta, a la relación causal, que Hume niega —más propiamente, lo que niega es la posibilidad de acceder a un conocimiento de la misma—. La mera costumbre de asociar ideas y percepciones es para Hume el único modo de dar fe del principio de causalidad. Por decirlo con las propias palabras del filósofo escocés: «En resumen, la necesidad es algo que existe en el espíritu y no en los objetos, y no es posible para nosotros formarnos ninguna remota idea de ella, considerada como una cualidad de los cuerpos. O bien no tenemos una idea de la necesidad o la necesidad no es más que la determinación del pensamiento de pasar de las causas a los efectos y de los efectos a las causas». De aquí se derivan un agnosticismo radical y un nihilismo y un escepticismo no menos radicales. Kafka también vendría a ser un escéptico y un nihilista. Escribe Sorozábal. «A fuerza de repetirse y afirmarse, la tiniebla de la negación kafkiana se vuelve luz absoluta». Y añade, más tarde: «La negación es negación de la trascendencia, negación de la causalidad (Hume), de la cosa en sí (Kant). Más exactamente, negación de la posibilidad de su conocimiento. De ahí que Kafka no ofrezca salvación, no proponga redención». Kafka nos arrebata el por qué y como consecuencia, nos deja caer en el vacío. Apreciamos de cuánta magnitud es el arma epistemológica blandida por la mano temblorosa y fría del checo en su empresa crítica: la refutación de la causa. Kafka nos mueve a revisar todo lo que creemos asentado en un fundamento previo que lo determina. ¿Es que tenemos una constancia suficiente de la relación entre los datos que nos brinda la realidad y su presunto fundamento? Se nos incita a descubrir el absurdo, allí donde la convención da por sentado que la causalidad existe. La causalidad no es cierta ni forzosa, angustia admitirlo, pero es posible que, aunque no haya nada que lo explique, uno se levante una mañana y descubra que es un escarabajo que agita sus patas en el aire. Es posible que la ley acuse al sujeto sin culpa, que le imponga la culpa incluso. Descartarlo nos da tranquilidad, pero una tranquilidad engañosa.

Su traductora y corresponsal Milena Jesenská escribió para Franz Kafka un perspicaz y hermoso epitafio. Sus palabras son el mejor cierre que alcanzamos a concebir para estas páginas.

«Era un hombre clarividente, demasiado sabio para poder vivir, demasiado débil para querer luchar; pero su debilidad era la de los hombres nobles y rectos, que son incapaces de luchar contra el miedo, la incomprensión, la falta de amor y la hipocresía, y que conocedores de su incapacidad, prefieren rendirse avergonzando así al vencedor.

«Su conocimiento del mundo era extraordinario y profundo. Él mismo era un mundo extraordinario y profundo.

«Sus libros (...) poseen una auténtica desnudez que queda expuesta con más naturalidad aun cuando se expresa por medio de símbolos. Tienen la ironía seca y la sagacidad sensitiva del ser que supo mirar el mundo con una lucidez tan sutil que no pudo soportar su espectáculo y tuvo que morir.

«Y es que Franz Kafka no quiso hacer concesiones y comportarse como los demás, que se refugian en espejismos intelectuales, a veces muy nobles, verdaderamente.

«Sus obras se caracterizan por la expresión de un sordo temor por los secretos desconocidos y la evidente inculpabilidad de la culpa entre los hombres. Fue un artista de conciencia tan escrupulosa que supo permanecer alerta donde los otros, los sordos, se sentían seguros».

Madrid-Getafe, mayo de 1989

Apéndice de 1999 (releído en 2007)

Aunque no es muy deportivo y por eso mismo no deja de parecerme bastante censurable, creo que por otras razones debo incurrir en la indelicadeza de apuntar en qué difieren y coinciden el universitario de veintidós años que redactó las páginas que anteceden y el individuo que soy ahora, con unos cuantos años más de recorrido.

Comienzo por las diferencias. No son muchas. Supongo que hoy procuraría emplear un lenguaje menos contaminado por la jerga que tanto se valora en el mundo universitario, y en especial en las facultades de Derecho. Como la verdad es que esa jerga rara vez oculta nada de importancia, confío en que las muestras que salpican el texto no obsten de manera irreparable a su comprensión. Otra cosa que no haría es considerar el discurso de Kafka tan cruel y pesimista. No me cabe duda de que el pesimismo y la crueldad son recursos que Kafka empleó deliberadamente y que tienen mucho que ver con su visión del mundo. Pero Kafka no es sólo eso, y ocultar el resto contribuye a proyectar una imagen de él que no por extendida resulta menos infiel. Hay en Kafka otros dos rasgos, que afloran incluso en las obras y en los fragmentos comentados a lo largo de este trabajo, y que terminan de redondear su valor: el humor y la fe. Un humor expresado como ironía sutil, pero siempre presente, incluso en los momentos más tenebrosos. Y una fe apenas recompensada, pero por eso mismo mucho más heroica. En algún otro lugar, parafraseando el título de dos de sus relatos, me he referido a Kafka como *Un artista de la fe*. Y sin duda lo era. Su minucioso inventario de los túneles cegados de la modernidad no tiene, en el fondo, otra razón que descartarlos en favor de aquellos otros que sí ofrecen una luz al final: la sensibilidad que la naturaleza nos ha dado para nombrar el horror y la injusticia; el arte que para él, como para otros, fue una forma de redención.

Dejando aparte lo anterior, los años transcurridos y las cosas que en ellos he visto, muchas de ellas en el ejercicio profesional del derecho, no hacen sino confirmarme en las conclusiones que en 1989 saqué a partir de las narraciones kafkianas. Sigo creyendo que *El proceso* o *Sobre la cuestión de las leyes*, bajo su disfraz literario, son, entre otras muchas cosas, un lúcido alegato contra vicios espantosos que la realidad de los sistemas jurídicos de nuestro tiempo no ha conseguido desterrar por completo: el favorecimiento del poderoso, la humillación del débil, la opacidad, la ineficacia, la desviación de los principios que inspiran la promulgación de las normas en beneficio de quienes las aplican, la inercia burocrática bajo la que la justicia se pudre ante la abulia de quienes más deberían sentirse escandalizados.

Por suerte, esto no es hoy la regla. Yo me he encontrado con funcionarios laboriosos y abnegados, con jueces generosos en esfuerzo y comprensión hacia las personas que acuden ante ellos, con profesionales que sienten su deber como administradores de justicia y que ponen toda su energía y su inteligencia en cumplirlo. Pero también debo decir que no son tantos como cabría desear. Muchos otros parecen acatar la rutina judicial como un enojoso destino que les permite llegar a fin de mes, no tan holgadamente como quisieran. Ahí están las protestas por el poco sueldo de funcionarios que disfrutan de una renta, dicho sea de paso, superior a la del promedio de la población, aunque inferior a la de los privilegiados a los que tal vez se consideran con derecho a equipararse. Por eso en los juzgados los asuntos se tramitan a menudo con ligereza, en las vistas —salvo excepciones, como las de los casos ilustres o los que afectan a los pudientes— falta una y otra vez tiempo para examinar las pruebas y argumentar sobre ellas, y a la postre todo tiende a resumirse en un trasiego de papel que sólo dudosamente sirve para resolver los problemas de la sociedad.

Suele alegarse que los juzgados están saturados, que la gente acude demasiado a ellos. Es como si un médico operara sin esmero porque tiene demasiados pacientes, y reclamara en represalia por nuestra inmoderada afición a ir al hospital que aceptáramos como normal que se le murieran, digamos, el treinta por ciento de los que pasaran por el quirófano. Dejando aparte que ya no se sabe qué parte del atasco de asuntos en los juzgados se debe a la desidia de años, nunca es justificación el exceso de trabajo para decepcionar una y otra vez a la sufrida clientela. Nadie está esperando que el sistema judicial resuelva de aquí a mañana todo lo que tiene pendiente. Tan sólo se trata de que día a día vaya ganando en rigor y efectividad. Cualquier profesional del derecho tiene la experiencia de tal o cual magistrado que, naturalmente con esfuerzo, es capaz día a día de acercarse al ideal de hacer justicia con quienes acuden a pedírsela. Y en los últimos años se advierte una concienciación creciente, entre los miembros de la judicatura, de su condición de servidores de la comunidad y del compromiso con los ciudadanos que ella implica. Se trata de que sean muchos más los que se nieguen a aceptar que el sistema no tiene remedio y empiecen por arreglar su pequeña parcela de él.

Para eso, como Kafka muestra en sus historias terribles, hace falta a veces una buena ración de coraje. Y sobre todo, hace falta algo que hoy día parece escasear: vocación. Nadie puede exigirle vocación, posiblemente, a un obrero de una cadena de montaje o a un repartidor de pizzas a domicilio. Pero a alguien que trabaja impartiendo justicia a sus conciudadanos, que le sostienen económicamente —con lo que la sociedad puede en cada momento destinar a ello—, y a quien nadie obligó a vestir la toga, no sólo puede exigírsele tal vocación, sino que cabe exigírsela en un grado máximo. Y si no la tiene, que no usurpe el puesto: que salga a la calle a ganarse la vida como abogado. Si es bueno y anda listo, podrá ganar más dinero, seguramente.

Un sistema judicial que sólo reclame recursos y nunca asuma responsabilidades frente a los ciudadanos —recordemos que la prevaricación judicial, según la doctrina de cierto alto tribu-

nal, sólo se produce cuando la injusticia es «grosera y escandalosa»— es una rémora que lastra el avance de una sociedad; un
Leviatán que despoja más que protege al individuo. Contra esas
maquinarias devoradoras y destructivas está dirigida la crítica
implícita en toda la obra literaria de Kafka. Y aunque la situación en los países avanzados, a principios del siglo XXI, no es
por fortuna tan atroz como la que él relata —ni mucho menos—, hará muy mal el jurista que piense que esas aberraciones
son cosa exclusiva del pasado. Aún siguen ahí, y resurgirán
siempre que nos descuidemos. Porque no proceden de la maldad, sino de la indiferencia, que es la fuente más frecuente del
despotismo.

Madrid, octubre de 1999

Apéndice en el centenario de Kafka (2024)

Impugnar el despropósito

Contra una creencia relativamente extendida, el testimonio de los que lo conocieron certifica que Franz Kafka era persona propensa a la risa, incluso a la risa floja e inoportuna. Puede que el más destacado episodio de esta última, entre los que han quedado registrados, fuera el que se vivió el 28 de abril de 1910 en el despacho de Otto Přibram, a la sazón presidente del Instituto de Seguros de Accidentes de Trabajo del Reino de Bohemia. Lo narra Reiner Stach, en su monumental biografía del autor praguense, publicada en tres partes entre los años 2002 y 2014 y que por su exhaustividad se erige como el relato casi definitivo de su vida. El hecho le resulta al biógrafo tan notable que lo incluye también en una colección de apuntes titulada *¿Este es Kafka?*, con la que pretende justamente salir al paso de los clichés existentes sobre su biografiado.

La ocasión era de veras señalada. El doctor Přibram, que además de presidir el Instituto era un prestigioso jurista y un poderoso industrial, recibía en su despacho a tres jóvenes empleados que acudían a él para agradecerle personalmente que se los hubiera nombrado «redactores». Era esta la categoría necesaria para redactar de manera autónoma toda clase de documentos, y comportaba no sólo un ascenso sino también que en adelante tendrían derecho a una pensión, privilegio que dentro de la carrera funcionarial del Imperio austrohúngaro —el Instituto era de carácter semipúblico, y sus empleados tenían un estatus análogo al de los funcionarios— se alcanzaba sólo al cabo de años de servicio. Los así agraciados acudían ante el gran jefe para agradecer la muestra de confianza. Era el momento menos apropiado para echarse a reír, pero he aquí que uno de ellos, el joven doctor Franz Kafka, por entonces de veintiséis años de edad, había estallado en una carcajada que por más que se esforzaba le resultaba imposible contener. El propio interesado lo referiría luego así: «Cuando se puso a perorar, haciendo aspavientos con las manos, no sé qué necedad (necedades era lo que solía decir por lo general, y en esta ocasión de modo muy particular) para mí fue ya el colmo, perdí por completo la noción del mundo circundante, que hasta el momento había logrado conservar, y solté una carcajada tan sonora, tan franca y tan espontánea como tal vez les sea dado hacer solamente a los alumnos de la escuela pública sentados en sus bancos».

Cuenta Kafka a continuación lo mal que lo pasó durante el rato en que no pudo controlarse, y en honor de Přibram, cómo este le echó un cable atribuyendo a algo que había dicho poco antes la intempestiva y sostenida hilaridad de su joven subordinado. Por tener todo el contexto, añádase que, gracias a los buenos oficios del presidente del Instituto, padre de un antiguo compañero de estudios, el letrado Kafka había conseguido aquel trabajo, que además de estabilidad y un horario más ventajoso le permitía salvarse de la angustia y el estrés que había vivido durante su paso por la aseguradora privada Assicurazioni Generali. En resumen, se estaba partiendo de risa, justamente, ante el hombre al que le debía su fortuna profesional y convertirse en empleado público, o lo que es lo mismo, en privilegiado integrante del aparato burocrático al que en su obra posterior cuestionaría de manera tan inmisericorde.

No es difícil encontrar en el incidente, en esa risa desatada y como de colegial refractario a la solemnidad, un anticipo e incluso un símbolo de la actitud que inspiraría en lo sucesivo la obra de Kafka y en especial su mirada sobre el orden establecido y sus representantes, que una y otra vez saldrían algo más que malparados en el retrato. Cual niño que aún no ha aprendido a respetar a la autoridad, incluidos sus atributos más ridículos, el Kafka narrador se convertiría en un revelador de las incoherencias del sistema, tan radical y desembarazado como ese joven redactor que se juega el puesto y el estatus recién adquiridos riéndose de las tonterías y las banalidades que profiere su jefe supremo.

Esa distancia crítica, esa capacidad para objetar las inconsistencias de los actos y las reglas emanados de las instancias superiores, la iba a hacer valer Kafka en sus primeras intervenciones profesionales como asesor jurídico del Instituto. Nos cuenta Reiner Stach que fue su jefe inmediato, el director de departamento Eugen Pföhl, quien reparó en que aquel joven no sólo estaba dotado para el lenguaje, sino que a esa capacidad aunaba una claridad expositiva que le permitía argumentar con precisión en cuestiones jurídicas, cualidades estas que sólo en los mejores abogados se combinaban. Por eso se le encomendó rebatir una decisión del Tribunal Administrativo Central que excluía del deber de asegurar en el ramo de la construcción a los trabajadores de subsectores anexos a la construcción propiamente dicha, desde los canteros a los encofradores. En su informe, el doctor Kafka dejaba al descubierto el contrasentido que suponía dejar sin cobertura actividades en las que podían igualmente registrarse siniestros, sin indemnización para las víctimas, que acababan reclamándolas por vía judicial. Este informe no llevaba aún su firma, pero sí se publicó con ella el que hizo un poco más adelante para cuestionar la decisión tomada en Viena de considerar a los automóviles empresas unipersonales para cubrir daños derivados de los accidentes debidos al aumento del parque móvil. La solución, brillante ocurrencia de un innominado funcionario, ignoraba según el informe que firmaba Kafka el caos administrativo que iba a generar, al incluir bajo una cobertura empresarial obligatoria a quienes carecían de la condición de empresarios y de sus recursos para gestionarla.

Hay que señalar que en esta política de descalificar a través de tales informes las soluciones cuestionadas, que Stach denomina «agresiva», Kafka no estaba solo, sino que contaba con el impulso del doctor Robert Marschner, secretario del Instituto y profesor en la Universidad y en la Academia de Comercio —donde probablemente se fijó en Kafka cuando pasó por allí como alumno de sus cursos vespertinos—. Era Marschner, nos dice Stach, una combinación de tecnócrata, burócrata y ambicioso reformador social, empeñado en mejorar de modo eficaz y a través de medios administrativos la suerte de los trabajadores. Que su superior despertaba sus simpatías y le resultaba inspirador lo acredita el hecho de que Kafka se encargara, sin haber superado todavía el periodo de prueba, de redactar su panegírico cuando a Marschner lo nombraron director ejecutivo del Instituto. En él, no sólo destacaba que el secretario pasaba a ocupar el puesto ideal para él y que este recibía al hombre que necesitaba, sino también su fuerte y vivo compromiso con la situación de los trabajadores, sin dejar de respetar los límites de la ley.

Resulta imposible no pensar en el ejemplo de este profesional, y en lo que Kafka acometió con su respaldo y no sin cierto éxito —al final, sus informes resultaron persuasivos y lograron contener los destrozos que amenazaban con producir las resoluciones cuestionadas—, como antecedentes de ese narrador que desvela el absurdo en los organismos imaginarios de las ficciones kafkianas, trasunto a veces no demasiado disimulado de entidades existentes en el mundo real de su tiempo. Con esta perspectiva, podríamos leer la obra de Kafka como una suerte de informe impugnatorio de los despropósitos en que una y otra vez caen las instituciones humanas, y que las apartan no sólo de la razón y de la justicia, sino de los fines para los que fueron concebidas. Ese ánimo y esa mirada insumisos a la arbitrariedad siguen siendo, en el centenario de la muerte del autor de Praga, su mayor y más vigente aportación.

Alguien podría objetar que escribir literatura, al igual que redactar informes mientras uno forma parte de la maquinaria burocrática y se embolsa el salario y se beneficia de las prebendas correspondientes, es una respuesta débil, frente a la atrocidad que el orden injusto es capaz de mostrar hacia el individuo inerme y que el propio Kafka expone de manera tan cruda en sus textos. No nos hallamos, desde luego, ni en la vida ni en el arte, ante un revolucionario. En vida, Kafka se sometió al orden establecido, y en sus ficciones los personajes acometen, como mucho, insurrecciones que resultan torpes, erróneas o fallidas. Al final, dirán algunos, prevalece ese pesimismo radical que tantas veces se le atribuye a Kafka —también en alguno de los pasajes de juventud que preceden a estas líneas en estas mismas páginas—. Y sin embargo, creo que debemos salir al paso de esa interpretación. Aunque dudara tanto de sí mismo, me atrevo a decir que Kafka, en el fondo, no sólo sabía lo que estaba haciendo, sino que, al igual que con aquellos informes que componía como redactor del Instituto de Seguros de Accidentes, con su obra acabó alcanzando un éxito que va mucho más allá de los millones de ejemplares que nunca vendió en vida, pero todavía despacha más de cien años después de su muerte. Kafka, con su lúcida escritura, alzó un muro imponente contra el desafuero y el abuso. Su obra literaria, como todas, es un alarde de optimismo, a la postre recompensado.

Por los años en que Kafka redacta informes para el Instituto, otro novelista y súbdito del Imperio austrohúngaro no tenido precisamente por el alma de la fiesta, Robert Musil, escribe en su diario acerca del optimismo en la creación literaria. Tras afirmar que para la literatura el optimismo es «indispensable en el sentido más amplio», se pregunta si existe acaso una novela que sea pesimista por completo, si es posible escribir sin tener un consuelo, si existe, en fin, alguna tragedia que no permita una escapatoria hacia el optimismo. Si la respuesta, como Musil postula, es positiva, el optimismo se convierte —nada menos— en «un punto de apoyo para nuestra comprensión del hecho poético».

Afirma el jurista alemán Rudolf von Ihering, en su clásico *La lucha por el derecho*, que el hombre, «al defender su derecho personal en el pequeño espacio en que lo ejerce» —como el procesado Josef K., el agrimensor K. o el campesino de *Ante la ley*— «está defendiendo el derecho en su totalidad». Y añade que «cuando las fuerzas limitadas del individuo se estrellan contra instituciones que le dispensan a la arbitrariedad una protección que, al mismo tiempo le niegan al derecho, es evidente que la tempestad descargará» y el damnificado, o bien se verá arrojado al destino del criminal, o bien «terminará por desangrarse moralmente poco a poco y perderá toda su fe en el derecho». Recoge así una idea que ya está enunciada en un texto muy anterior, el *Tratado de república* del fraile trinitario burgalés Alonso de Castrillo, publicado en 1521. Sin la justicia, nos dice este, se deshace y se corrompe «todo el concierto de nuestra conversación y toda amistad de nuestra compañía humana». Kafka, que posiblemente leyó a Ihering, extrajo de su experiencia y de su intuición una idea análoga, que sublimó a través de su obra literaria. Con ello, como apunta su biógrafo Reiner Stach, alcanzó a dilucidar la manera de cumplir con su deber, siguiendo la pauta que tal vez le inspirase la lectura de un ensayo de la reformadora pedagógica sueca Ellen Key, publicado en junio de 1905 en la revista *Neue Rundschau*: «Quien considere el cumplimiento del deber, allá donde se le plantee, y el sometimiento al destino que le haya tocado, como el mayor objetivo de la moralidad, nunca llegará a ser un artista de la vida. El estéril concepto de cumplir el deber allá donde se le plantee le ha hecho pasar por alto el mucho más fértil concepto de elegir el lugar donde cumplirlo». No es seguramente casual que Robert Musil transcribiera este pasaje en su diario. Tanto él como Kafka, en la ineludible búsqueda del lugar de uno mismo, lo encontraron en la literatura. Y desde ella hicieron un alegato contra la inercia inicua que todavía hoy nos remueve y conmueve.

Esta es la lectura que me gustaría proponer, un siglo después de su muerte, de la obra de Franz Kafka. Con carácter general y en lo tocante a su interpretación a propósito del indudable sustrato jurídico de las ficciones aquí analizadas. El literato nunca es un reformador, ni mucho menos un solucionador de problemas. No es ese su cometido, tampoco su aptitud, y mucho menos su vocación. Sin embargo, su capacidad de ver y de decir, cuando es tan extraordinaria como lo fue la de Kafka, sirve para construir la conciencia que será el presupuesto de cualquier remedio factible de los males de la sociedad humana. Esa conciencia, gracias al alcance universal de las alegorías kafkianas y a la difusión de su obra, forma parte del bagaje intelectual y moral de todos los que lo leemos, y aun de aquellos que, sin haberlo hecho, se ven interpelados, por la vía que sea, por su vigor, su transparencia y su precisión.

Nadie que tenga delante a un hombre convertido en insecto, a un solicitante rechazado o a un perseguido sin motivo, podrá decidir, si es que la decisión le compete, en la ignorancia de la responsabilidad que con ello contrae: no sólo ante el individuo del que en cada caso se trate, ante la sociedad en la que vive y las leyes bajo las que se organiza; sino ante la raza humana de la que forma parte y los deberes de dignidad y solidaridad que esa pertenencia le impone. Entre los seres humanos, la historia lo atestigua sobradamente, no faltan quienes son capaces de desoír con soltura un mandato semejante; pero también la memoria de los hombres pasados nos acredita que son muchos los que en el trance de imprimir su huella procuran no faltar más de lo debido a lo que el decoro les exige. Quiere uno creer, llámenme ingenuo, que el juez que ha leído *El proceso* intentará ser más respetuoso con el justiciable, que el funcionario que ha leído *El castillo* o *Ante la ley* será menos despótico con el ciudadano al que atiende; que quien ha leído *La metamorfosis*, al ver a un semejante menoscabado, se representará su propio menoscabo, real o hipotético, para comportarse con él con mayor compasión.

En estos días del siglo XXI, a la burocracia de antaño se superponen la ciberburocracia y pronto, si nadie lo remedia, la inteligencia artificial que amenaza con llevar al extremo de la impersonalidad la relación del poder con aquellos en cuyo nombre aplica las leyes. Convendrá más que nunca reivindicar el legado kafkiano, su fe en la razón y la piedad hacia nuestros semejantes, y no dejar de impugnar el despropósito. Y si fuera necesario, reírse de él a carcajadas, hasta dejarlo en evidencia.

Illescas, noviembre de 2024

Bibliografía

Para no estorbar la lectura, se ha preferido renunciar en las citas a las notas a pie de página. En su lugar, quedan recogidas en esta bibliografía las fuentes y las ediciones y traducciones de las que están tomados, siempre con indicación de su procedencia, los entrecomillados y aportes ajenos que forman parte del texto.

Benjamin, Walter. «Franz Kafka, En el décimo aniversario de su muerte». En *Sobre el programa de la filosofía futura*, traducido por Roberto J. Vernengo. Barcelona: Planeta-de Agostini, 1986.

Brod, Max. *Kafka*, traducido por Carlos F. Grieben. Madrid: Alianza Editorial, 1982.

Camus, Albert. *El mito de Sísifo*, traducido por Luis Echávarri. Buenos Aires: Losada, 1973.

Canetti, Elias. *El otro proceso de Kafka.* Traducción de Michael Faber-Kaiser y Mario Muchnik. Barcelona: Muchnik Editores, 1981.

Castilla del Pino, Carlos: «*"El buitre" de Kafka. Un análisis*». *El País*, 3 de julio de 1983.

Dostoievski, Fiódor. *Los hermanos* Karamázov, traducido por Augusto Vidal. Madrid: Cátedra, 1987.

Fassò, Guido. *Historia de la Filosofía del Derecho*, traducido por José F. Lorca Navarrete. Madrid: Ediciones Pirámide, 1982.

Hayman, Ronald. *Kafka: Biografía*, traducido por Jaime Zulaika. Barcelona: Argos Vergara, 1981.

Hume, David. *Tratado de la naturaleza humana*, traducido por Juan Segura Ruiz. Madrid: Sarpe, 1984.

Kafka, Franz. *América*, traducido por David J. Vogelmann. Madrid: Alianza, 1971.

Kafka, Franz. *Carta al padre,* traducido por de Feliu Formosa. Barcelona: Bruguera, 1983.

Kafka, Franz. *Cartas a Milena*, traducido por J. R. Wilcock. Madrid: Alianza, 1974.

Kafka, Franz. *El castillo*, traducido por Francisco Zanutigh Núñez. Buenos Aires: Losada, 1977.

Kafka, Franz. *La condena*, traducido por J. R. Wilcock. Madrid: Alianza, 1972.

Kafka, Franz. *Diarios I (1910-1913)*, traducido por Feliu Formosa. Barcelona: Bruguera, 1983.

Kafka, Franz. *Diarios II (1914-1923)*, traducido por Feliu Formosa. Barcelona: Bruguera, 1983.

Kafka, Franz. *La metamorfosis*. Madrid: Alianza, 1966.

Kafka, Franz. *La muralla china*, traducido por Alfredo Pippig y Alejandro Guiñazú. Madrid: Alianza, 1973.

Kafka, Franz. *El proceso*, traducido por Feliu Formosa. Barcelona: Bruguera, 1983.

Kierkegaard, Søren. *Temor y Temblor*, traducido por Jaime Grinberg. Barcelona: Orbis, 1987.

Musil, Robert. *Diarios*, traducido por Elisa Renau Piqueras. Valencia: Edicions Alfons el Magnànim, 1996.

Sorozábal Serrano, Pablo. «La sabiduría del 'no'». *El País*, 3 de julio de 1983.

Stach, Reiner. *Kafka*, traducido por Carlos Fortea. Barcelona: Acantilado, 2016.

Stach, Reiner. *¿Este es Kafka?*, traducido por Luis Fernando Moreno Claros. Barcelona: Acantilado, 2021.

Wagenbach, Klaus. *Franz Kafka en testimonios personales y documentos gráficos*, traducido por Federico Latorre. Madrid: Alianza Editorial, 1970.